CATALOGUE

RAISONNÉ

D'UNE TRÈS-BELLE COLLECTION

DE TABLEAUX

DES ÉCOLES

D'ITALIE, DE FLANDRE

ET DE HOLLANDE;

Qui composoient le Cabinet de M. le Comte DE VAUDREUIL, Grand-Fauconnier de France.

PAR J. B. P. LE BRUN, Peintre.

La Vente s'en fera le Mercredi 24 Novembre 1784, & jours suivans, de relevée, rue Plâtriere, hôtel de Bullion, où les Amateurs pourront voir les objets depuis le Dimanche 21 Novembre, jusques & compris le Mardi 23, depuis dix heures, jusqu'à une heure précise.

Ce Catalogue se trouve à Paris,

Chez M. LE BRUN, Peintre, rue de Cléry, Hôtel de Lubert.

A *Londres*, chez M. VANDER GUCHT LOWER BROOK STREET.

A *Amsterdam*, chez M. PIERRE FOUQUET junior.

A *Bruxelles*, chez M. DEROY sur la grande Place.

M. DCC. LXXXIV.

AVIS.

Les personnes qui defireroient voir la Collection, pourront s'adreffer à M. Le Brun,
& les Etrangers qui voudroient fe procurer les
Tableaux qu'ils auroient choifis dans le Catalogue, pourront lui envoyer leurs commiffions à
fon adreffe, rue de Cléry, hôtel de Lubert. Il
les prie feulement d'affranchir les lettres, de fixer
les prix, & d'en affigner le payement fur des
maifons connues à Paris.

Les lettres T. B. C. indiquent les Tableaux
peints fur toile, fur bois ou fur cuivre.

AVERTISSEMENT.

ON n'aura pas vu depuis la Vente
du Cabinet de M. de Gaignat, une
Collection qui offre tant de beaux Tableaux dans un auffi petit nombre. Le
goût le plus sûr & le plus difficile
femble avoir préfidé à ce choix, & le
hafard s'eft plu à le favorifer, en lui
fourniffant les productions les plus précieufes & les plus rares des Maîtres les
plus habiles. Il eft peu de perfonnes
qui n'euffent envié à M. le Comte DE
VAUDREUIL la jouiffance de fon
Cabinet; il n'eft point d'Amateur qui
puiffe fe flatter de trouver fouvent les
mêmes occafions d'exercer fes connoif-
fances. Ce feroit bien ici le cas de nous
étendre fur le mérite de chacun des
morceaux qui forment cette Collection;

A ij

mais elle eſt déjà connue : elle étoit de-
venue un objet de curioſité pour les
Étrangers & les Habitans de la Capi-
tale , & nous ne dirions rien qui n'eût
été dit avant nous. Contentons-nous
donc d'avancer que l'on y trouve ce
que l'Ecole d'Italie peut offrir de plus
noble & de plus impoſant , & que l'on
y remarquera ce que l'Ecole Flamande
& Hollandoiſe a de plus précieux & de
plus recherché. Un coup-d'œil jetté ſur
ce Catalogue, & arrêté ſur les noms
dont il eſt orné , nous juſtifiera aſſez.

Nous avons donné un détail fidele
de chaque Tableau ; & lorſque nous
nous ſommes permis de le louer, nous
ne nous ſommes pas flattés de rendre
l'impreſſion qu'il faiſoit ſur nous.

Dans un moment où les arts ſont cul-
t'vés en France avec ſuccès, & où

l'on fe prépare à confacrer un temple à la Peinture & à la Sculpture, nous ne doutons point que l'on ne s'empreffe de garder les productions rares que nous avons enlevées à l'Etranger. Ce Catalogue en offrira plus d'une que nous ne reverrions pas de long-temps, fi elles nous échappoient; & nous invitons les Amateurs à diftinguer ce Cabinet de la foule de ceux qu'on leur expofe tous les ans, & pour lefquels on cherche à intéreffer leur goût & à piquer leur émulation.

La plupart des Tableaux qu'il renferme font bien confervés, mérite rare aujourd'hui, & dans des bordures fculptées & dorées avec le plus grand foin.

M. le Comte DE VAUDREUIL, en fe déterminant à vendre l'Ecole d'Italie, de Flandre & de Hollande, n'a

pu se refuser au plaisir de conserver l'E-
cole Françoise. Cette espece d'hom-
mage qu'il rend à nos Artistes, & à
ceux qui les ont précédés, le dédom-
mage en quelque sorte de la privation
qu'il s'est imposée.

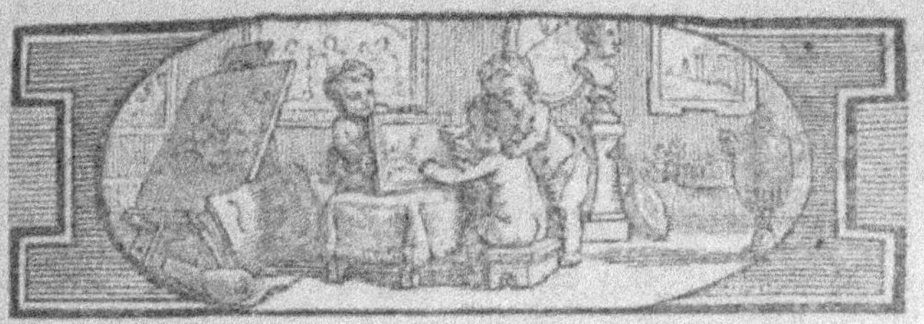

CATALOGUE

RAISONNÉ

D'UNE TRÈS-BELLE COLLECTION

DE TABLEAUX

DES ÉCOLES

D'ITALIE, DE FLANDRE

ET DE HOLLANDE;

Qui compoſoient le Cabinet de M. le Comte DE VAUDREUIL, Grand-Fauconnier de France.

PEINTRES FLORENTINS.

PIETRO BERETTINI, dit PIETRE DE CORTONNE.

N°. 1 LA Reconnoiſſance de Laban & de Jacob. L'on voit à droite du Tableau, &

A iv

fur le premier plan, un jeune Victimaire à
demi agenouillé, préparant du bois pour
un facrifice; près de lui eft un autel rufti-
que fur lequel eft un agneau égorgé : fur
le fecond plan, Laban & Jacob fe donnent
la main, & paroiffent fe jurer une amitié
réciproque ; derriere eux font un homme &
une femme auprès de deux chameaux. La
gauche du Tableau eft occupé par deux
femmes & trois enfans ; l'une des femmes
principales eft vêtue d'une draperie rouge,
& porte un enfant qu'elle tient du bras gauche, tandis qu'un autre enfant debout lui
préfente une pomme ; un jeune garçon eft
affis & appuyé fur un vafe, & a une de
fes jambes pofée fur un dé de pierre. Le
fond de ce Tableau eft terminé par un
riche Payfage, dans l'éloignement duquel
des Bergers font du feu près de leur tente.
Tout le monde fait que ce fuperbe Tableau
eft un des plus beaux & des plus précieux
de la Galerie Barberini, & qu'il a fait l'or-
nement de la riche Collection de feu
M⁏ᵗ. le Prince de Conty, N°. 21 de
fon Catalogue. Il a été vendu après fon
décès 36,001 livres. Nous ne dirons rien

de plus fur ce Tableau , connu de tout le monde pour être un de ces chefs-d'œuvre que l'on ne retrouve pas deux fois. Il porte de hauteur 71 pouces , largeur 65 pouces. T.

PIETRE DE CORTONNE,

Né à Cortonne dans la Tofcane en 1596, mort à Rome en 1669.

Son nom de famille eft Pietro Berettini. Il vint fort jeune à Rome fe mettre fous la conduite de Baccio Ciarpi. La maniere lourde avec laquelle il deffinoit le faifoit furnommer Tête d'Ane ; mais un travail affidu développant tout-à-coup fes heureux talens , on fut étonné de la rapidité de fes progrès. Les Tableaux qu'il peignit dans le Palais de Sacchetti lui acquirent une réputation qu'il augmenta encore par les ouvrages qu'il fit enfuite , & fur-tout par les Peintures du Palais Barberin qu'on regarde comme une des merveilles de Rome. Pietre de Cortonne fut auffi occupé à Florence , pour le Grand-Duc Ferdinand II. Ce Prince admirant un jour un enfant que Cortonne avoit repréfenté pleurant , le Peintre donna un coup de pinceau , & ce même enfant parut rire , puis avec une autre touche , il remit l'enfant comme il étoit auparavant. *Prince , vous voyez*, dit-il , *avec quelle facilité les enfans pleurent & rient.* Cet excellent Artifte fe diftingua encore dans l'Architecture. Il y a dans l'Italie plufieurs magnifiques édifices qui ont été bâtis fur fes plans , & des chapelles & des tombeaux conſtruits ſur ſes deſſins. Son talent brilloit ſur tout dans les grandes machines ou dans les Tableaux d'une vaſte ordonnance; ſon coloris eſt frais & brillant; ſes penſées ſont nobles; ſa touche égale à celle des plus grands Maîtres. Devenu le premier Peintre de ſon temps, on l'appelloit par excellence *Corona de Pittori*. Alexandre VII le créa Chevalier de l'Eperon d'Or. Son eſprit étoit vif & agréable, & faiſoit rechercher ſa converſation. Ayant connu la miſere & l'opulence, en changeant d'état il ne changea point de mœurs. Il mourut de la goute âgé de 73 ans, laiſſant à l'Egliſe de Sainte-Marie inviolata un fond de cent mille écus pour conſtruire un maître-autel de bronze, & pour y élever ſon tombeau qui a été exécuté & orné de magnifiques épitaphes.

CARLO DOLCI, dit CARLIN DOLCHÉ.

2 La Vierge, vue à mi-corps, la tête penchée & couverte d'un voile & vêtue d'un corſet rouge, en partie recouvert d'une draperie bleue doublée de violet; elle paroît en contemplation devant un linge poſé ſur une table couverte d'un autre linge. Sa main droite eſt appuyée ſur ſa poitrine & de la gauche elle tient le premier linge. Ce Tableau eſt d'un pinceau & d'une couleur admirable, la tête eſt de la plus belle expreſſion. Hauteur 12 pouc. largeur 9 pouc. 3 lig. C.

CARLO DOLCI ou CARLINO DOLCE.

Né à Florence en 1616, mort en 1686.

Les Historiens ne nous ont rien appris de ce grand Maitre dont les ouvrages sont fort rares. Il y en a plusieurs chez le Roi d'Angleterre ; quatre dans la Gallerie de Dusseldorf, & très-peu en France ; son pinceau est moëlleux & ses têtes sont agréables.

PEINTRE VÉNITIENS.

GIORGION.

3 Diane sortant du bain ; elle a encore un genou dans l'eau ; le revers offre un Portrait que l'on regarde comme celui de Giorgion ; ce charmant Tableau vient des Cabinets de Mᵉʳ. le Prince de Conty, n°. 90, & de celui de M. Nogaret, n°. 19, vendu 320 liv. il porte 4 pouces 6 lignes de diametre en rond, & est peint sur étain.

GEORGE dit GIORGION,

Né au bourg de Castel Franco en 1478, mort en 1511.

Quoi qu'il eût du goût & du talent pour la musi- que, il la quitta pour embrasser la Peinture ; il ap- prit son art sous Jean Belin, l'éleve passa tout-à- coup, de la manière de son Maitre, à une autre

qu'il ne dût qu'à lui-même ; l'étude qu'il fit des Ouvrages de Léonard de Vinci , & fur-tout celle de la
nature , acheva de le perfectionner. Titien ayant
connu la fupériorité de fes talens , le vifitoit fréquem-
ment , pour lui dérober les fecrets de fon art ; mais
le Giorgion trouva des prétextes pour lui interdire fa
maifon. Il mourut a 33 ans de la douleur que lui
caufa l'infidélité de fa maîtreffe ; il entendoit parfaitement l'art de bien ménager les jours & les ombres , & de mettre toutes les parties dans une belle
harmonie : fon deffin eft délicat , fes carnations font
peintes avec une grande vérité.

TITIEN DE VECELLI, de Cador.

4 Diane furprife au bain par Actéon ; riche
composition de huit figures. Ce Tableau
capital , dont le grand fe trouve dans la
collection de Monfeigneur le Duc d'Or-
léans , doit être regardé comme un des plus
précieux morceaux que l'on puiffe acquérir.
Il vient auffi du cabinet de Mgr. le Prince
de Conty , n°. 91 , où il a été vendu 6951 l.
& de celui de M. Nogaret , n°. 20 de notre
catalogue , où il a été vendu 4000 liv.
Hauteur 20 pouces , largeur 25 pouc. T.

TITIEN VECELLI,

Né à Cador en 1477, & mort en 1576.

Titien eft le premier colorifte du monde, à dix ans

il peignit une Vierge fur un mur avec des jus d'herbes, ce qui détermina fon pere à le placer chez Gentil Bellin ; de-là il paffa chez le Georgion , qui bientôt en devint jaloux , & le congédia. Il s'acquit une fi grande réputation que le Duc de Ferrare le fit venir pour terminer les ouvrages de J. Bellin ; Il fit fon portrait & celui de la Ducheffe. L'Ariofte qui fe trouva à Ferrare lui fournit des fujets de compofition , & le célébra dans fes vers ; Le Titien , en reconnoiffance, fit fon portrait. L'Aretin , qui s'étoit retiré à Venife , devint un de fes amis. Tous les Souverains vouloient être peints de fa main. François premier , à fon retour en France , les Doges & les Papes ont été peints par le Titien. Il peignoit encore mieux les femmes que les hommes ; & s'il eût été correct, on le regarderoit comme le premier Peintre de l'univers ; enfin , il peignit plufieurs fois Charles-quint & fon fils Philippe, Roi d'Efpagne ; l'Empereur l'honora , en 1552 , du titre de Comte Palatin , lui donna une penfion confidérable fur la Chambre de Naples , & le fit Chevalier de l'ordre de Saint-Jacques. Quoique les ouvrages du Titien foient fort rares , néanmoins l'on a gravé plus de fix cents planches d'après lui.

JACQUES BASSAN.

5 Le départ de Jacob : l'on voit dans le milieu du Tableau une femme montée fur un cheval, parlant à une autre qui lui préfente un enfant ; fix autres figures & quelques animaux ornent différens plans. Le

fond est terminé par un beau paysage. Nous prions Messieurs les Amateurs de faire attention à ce Tableau , qui est de la plus belle couleur de ce Maître , dont les ouvrages sont très-rares. Ils doivent être distingués de la foule de ceux que ses freres & ses fils ont peint , & dont la médiocrité a paru diminuer leur prix. Il porte 36 pouces de hauteur , sur 48 pouces de largeur. T.

Jacques da Ponte, dit le Bassan.

Né à Bassans en 1510 , mort en 1592.

Il fut disciple de son pere François , & vint à Venise copier les ouvrages du Titien & du Parmesan, d'après lesquels il se forma une nouvelle maniere ; les sujets de ses Tableaux étoient ordinairement tirés de l'Ecriture Sainte ; il préféroit ceux où les animaux & le paysage se présentoient naturellement ; tels que les voyages de Jacob , les Israélites dans le désert , & autres. Sa femme , ses enfans & ses domestiques lui servoient de modeles , & les animaux de sa basse cour étoient ses véritables études : sans sortir de sa maison , il trouvoit des Tableaux tout composés , & il excelloit en ces sortes de compositions. Le Titien faisoit tant de cas de ses ouvrages qu'il en a acheté plusieurs. Le Bassan eut l'avantage de tromper Annibal Carrache, qui l'étant venu voir à Venise, mit la main sur un livre, que le Bassan avoit peint sur le mur de son attelier.

Son mérite personnel lui attira la visite de plusieurs grands Seigneurs; sa maison étoit le rendez-vous des arts, & sur-tout de la Musique qu'il savoit parfaitement. Il a laissé quatre fils, tous quatre Peintres, dont François & Léandre ont été les plus habiles.

Les carnations de ce Peintre sont fraiches, & d'accord avec la nature; il a sur-tout excellé dans les sujets champêtres.

PAUL CALLIARI, de Vérone, dit PAUL VÉRONESE.

6 Deux Tableaux faisant pendans.   2000

L'un représente une Annonciation. La Vierge est à genoux, au moment où le Pere Eternel, entouré d'Anges dans une gloire, fait descendre dans son sein l'esprit qui doit y procréer le Sauveur du monde. Un ton argentin, un coloris fin & délicat, nous font estimer ce Tableau l'un des plus précieux de Véronese.

L'autre représente l'Apparition de N. S. à la Madeleine, sous la forme d'un Jardinier. On voit les Saintes Femmes auprès de son tombeau. Celui-ci offre un ton plus doré que le premier. Hauteur 36 pouces, largeur 27 pouces. Ils viennent des cabinets de M. le Prince de Carignan, n° 101,

& de celui de Mgr. le Prince de Conty, n°. 104, où ils ont été vendus 3000 liv. T.

VÉRONESE, (Paul)

Né à Vérone en 1532, mort à Venise en 1588.

C'est à Badile son oncle que Véronese dut les premieres leçons de l'art, dans lequel il tint l'un des premiers rangs. Rival du Tintoret, il a balancé la réputation de ce dernier. C'étoit sur-tout dans ce qu'on appelle de grandes machines que l'Eleve de Batide excelloit. Ses productions offrent une imagination féconde, un dessin élégant & un coloris frais & vigoureux. Ses dessins sont très recherchés ; ils sont la plupart arrêtés à la plume, & lavés au bistre & à l'encre de la Chine.

ALEXANDRE TURCHI, dit l'ORBETTO.

Connu sous le nom d'ALEXANDRE VÉRONESE.

3000

7 L'incrédulité de Saint Thomas. Notre Seigneur est au milieu de ses Apôtres, & lui montre ses plaies ; on admire dans cette composition un dessin correct, une belle couleur, & des têtes pleines d'expression. Hauteur 43 pouces, largeur 36 pouces. T. Il a orné les cabinets de Mgr. le Prince de Conty, n°. 121 du catalogue ; vendu 3150 liv. Et n°. 5, de celui de M. Poullain ; vendu 3000 liv. Et de notre catalogue

talogue, du 11 Décembre 1780 : vendu 3470 liv.

VÉRONÈSE, (Alexandre)

Né à Véronne en 1600, mort à Rome en 1670.

Il fut surnommé Lorbetto, parce qu'étant enfant il conduisoit un aveugle. En marchant ainsi dans les rues, il dessinoit des figures sur les murailles avec du charbon. Félice Ricci qui s'en étoit apperçu plusieurs fois l'engagea à venir chez lui, & lui enseigna les principes de son art. Quelquefois il a suivi la manière seche de son maître, mais quelquefois aussi il a imité le coloris du Correge & les graces du Guide. Il s'étoit fait une loi de ne jamais travailler sans la Nature, & ce guide sûr ne l'égara jamais. Le fini précieux de ses Tableaux de chevalet les fait rechercher beaucoup.

PEINTRES LOMBARDS.

ANTOINE ALLEGRI, ou LIETO,

surnommé LE CORREGE.

8 Une femme couchée & endormie ; elle est en partie sur un drap, le dos appuyé sur des oreillers ; le reste du Tableau offre un paysage. On reconnoît dans ce Tableau la grace qui distingue les vraies produc-

8000

B

tions sorties des mains du célebre Correge. Il est le seul vrai connu dans les cabinets, & vient de la vente de M. de Julienne, n°. 16, du catalogue, vendu 2400 livres. hauteur 22 pouc. 6 lignes, largeur 19 pouces, 3 lignes. T.

ANTOINE ALLEGRI, dit LE CORREGE.

Né à Corregio en 1494, mort dans la même ville en 1534.

Il étoit né Peintre; il ne vit ni Rome, ni Venise, & peignit presque toujours à Parme & dans la Lombardie; il est le fondateur de cette derniere Ecole. Son pinceau étoit celui des Graces; un grand goût de dessin, un coloris enchanteur & vigoureux, qui donne de la rondeur à tout ce qu'il traite, une ordonnance riche & féconde dans ses compositions, une intelligence & une harmonie exquises, une expression naturelle, une action juste & vraie, ajoutez à cela, une maniere svelte légere, & des agrémens infinis répandus dans tous ses ouvrages : voilà toutes les parties qui le distinguent; il étoit grand homme & il l'ignoroit; le prix de ses ouvrages étoit très-modique; ce qui, joint au plaisir de secourir les indigens, le fit vivre lui-même dans l'indigence. Un jour étant allé à Parme pour recevoir le prix d'un de ses Tableaux, on lui donna 100 liv. en monnoie de cuivre; l'empressement qu'il eut de porter cette somme pesante à sa famille, pendant les plus grandes chaleurs, lui occasionna une fievre dont il mourut âgé de 40 ans.

LOUIS CARRACHE.

9 La Vierge & l'Enfant Jesus tenant un Chardonneret. Ils sont de proportion naturelle, & vus à mi-corps. Ce superbe Tableau réunit au grand caractère qui distingue cet habile Peintre, la rondeur, la force & la grace du Correge. Il vient de la vente de M^r. le Prince de Conty, n°.56. vendu 6701 liv. Il est de forme ronde, & porte 32 pouces de diametre. T.

CARRACHE, (Louis)

Né à Bologne en 1555, mort en 1619.

Le germe du talent est quelquefois lent à paroître, mais la culture, les soins l'aident à se développer ; & de l'instant où il s'est accru, il excite & frappe les regards. Tel a été le génie de Louis Carrache.

Rebuté des difficultés qui s'opposoient aux progrès de son Eleve, Prospero Fontana lui conseilloit d'abandonner la Peinture. Mais la vue des superbes ouvrages de ses prédécesseurs ayant exalté le génie de Louis Carrache, à son retour à Bologne, non-seulement il surpassa son maître, mais même tous les Peintres de son pays. Il s'étoit chargé de former Annibal & Augustin Carrache, & l'étude particuliere qu'il avoit faite des beautés de l'antique, se manifestant dans ses ouvrages & dans ceux de ses freres ; ils n'eurent pas d'abord la réputation qu'ils méritoient, parce qu'alors le genre maniéré regnoit en Italie ; mais dès que les yeux se furent ouverts, ils soumirent les esprits, & firent taire les préjugés. Louis Carrache établit une Académie de Peinture à Bologne.

On remarque dans ses compositions une fécondité prodigieuse, un dessin noble, grand & correct, & une maniere savante. Lorsqu'il a peint le paysage, il a montré qu'il pouvoit exceller également dans ce genre.

BARTHÉLEMI SCHIDONE.

10 Une sainte Famille, de proportion naturelle, & vue à mi-corps : l'on voit la Vierge tenant l'enfant Jesus, que le petit saint Jean regarde en riant ; sur la droite l'on voit saint Joseph appuyé. Ce Tableau est véritablement un des plus rares & des plus beaux que l'on connoisse. Il vient des Ventes de M. le Prince de Carignan. n°. 43, & de Mgr. le Prince de Conty, n°. 48, où il a été vendu 5001 liv. Il est de forme ronde, & porte 32 pouces de diamètre, & sert de pendant au n°. précédent. T.

BARTHÉLEMY SCHIDONE,

Né à Modene vers l'an 1560, mort en 1616.

Après s'être attaché à suivre Annibal Carrache, Schidone se livra entiérement au goût qu'il avoit pour les ouvrages de Corrége ; aussi personne n'a-t-il plus approché que lui de ce grand Maître. Il a su joindre à un fini précieux une touche délicate & un coloris suave. Le Duc de Parme le fit son premier Peintre ; & sans sa passion pour le jeu , il eût sans doute acquis une fortune honnête ; mais maîtrisé par ce penchant , il mourut de douleur & de honte de ne pouvoir payer ce qu'il avoit perdu en une seule nuit.

Jean-Franç. Barbieri , dit le Guerchin.

11 Loth & ses filles , de proportion natu-   *12000*
relle. Sur le premier plan , on voit Loth assis presqu'à terre , vu de profil & à demi couvert d'une draperie violette , buvant dans une coupe pendant qu'une de ses filles , placée sur la droite & un genou en terre , lui verse du vin d'une bouteille garnie d'osier , qu'elle se dispose à laisser pour en prendre une autre. Elle est coeffée en cheveux , & à demi enveloppée d'une draperie rouge. Sa sœur vêtue en chemise , la tête couverte d'un turban , les cheveux épars , & appuyée sur des vêtemens , occupe la gauche du Tableau , & regarde son pere. Dans le fond l'on voit la femme de Loth changée en statue , & la ville de Sodome en feu. Il existe peu de Tableaux de ce grand Maître à Paris ; & nous

pouvons aſſurer qu'il n'y en a pas un plus
capital, ni plus beau dans les premieres
collections de l'Europe. Haut. 61 pouc.
Larg. 80 pouc. T.

FRANÇOIS BARBIERI DE CENTO, dit le GUERCHIN.
Né à Cento en 1590, mort en 1667.

Il peignit dès l'âge de huit ans, & tira de ſon génie
les premiers principes de ſon art ; il ſe perfectionna
enſuite à l'École des Carraches. Une Académie qu'il
établit en 1616, lui attira un grand nombre d'Éleves
de toutes les parties de l'Europe : la Reine Chriſtine
de Suède l'honora d'une viſite, & lui tendit la main,
pour toucher, diſoit-elle, celle qui avoit produit tant
de Chefs-d'œuvres. Le Roi de France lui offrit la place
de ſon premier Peintre ; mais il aima mieux accepter
un appartement du Duc de Modène. Il ne ſortoit jamais ſans être accompagné de pluſieurs Peintres, qui
le ſuivoient comme leur Maître. Ses principaux Ouvrages ſont à Rome, à Bologne, à Parme, à Plaiſ-
ſance, à Modène, à Reggio, à Milan. Perſonne ne
travailla avec plus de facilité. Des Religieux l'ayant
prié, la veille de leur fête, de repréſenter un Pere
Eternel au Maître-Autel, le Guerchin le peignit aux
flambeaux en une nuit.

PIERRE FRANÇOIS MOLA, dit LE MOLE.

1601   12 Jupiter & Léda, dans un ſonds de Payſage.
Ce Dieu métamorphoſé en Cygne, eſt ca-
reſſé par Léda, aſſiſe ſur un lit, près du-

quel est un vase rempli de fleurs. Ce Tableau réunit à l'agrément & aux charmes du sujet une couleur fraîche & vigoureuse. Hauteur 14 pouces, lag. 18. T. Il vient de la vente de M. de Menard. n°. 55 & vendu 799 liv. 19 s.

PIERRE-FRANÇOIS MOLA.

Né à Coldre en 1621, & mort à Rome en 1666.

Il reçut les premiers élémens de la Peinture de son pere, qui étoit Peintre & Architecte. Il fut ensuite disciple de Josépin, de l'Albane & du Guerchin. Sa grande réputation le fit rechercher des Papes & des Princes de Rome. La Reine Christine de Suède la mit au rang de ses Officiers. Appelé en France, il étoit sur le point de s'y rendre lorsqu'il mourut. Ce Peintre, bon Coloriste, grand Dessinateur & excellent Paysagiste, a encore traité l'Histoire avec succès. L'Invention & la facilité sont le caractere distinctif de ses Ouvrages. On a gravé quelques morceaux d'après lui. Il en a gravé lui-même plusieurs avec beaucoup de goût.

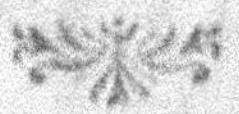

PEINTRES NAPOLITAINS
ET ESPAGNOLS.

BARTHÉLEMI-ETIENNE MURILLO.

13 La Vierge assise, tenant l'Enfant-Jésus sur ses genoux; figures de grandeur naturelle; tout le monde connoît la rareté des productions de Murillo; nous en possédons très-peu, la plus grande partie de ses Ouvrages étant en Angleterre & en Espagne, d'où celui-ci fut rapporté par le sieur Langlois, Napolitain. Ce Tableau jouissoit d'une si grande réputation qu'il n'a pû l'acquérir qu'à grands frais; tout le monde sait le rang qu'il tenoit dans le Cabinet de M. Randon de Boisset où il a été vendu 10999 liv. 19 sols. Voyez le N° 18 de son Catalogue. Hauteur 60 pouces, largeur 44 pouces. T.

PAR LE MÊME.

14 Deux Tableaux faisant pendans, l'un représente Jésus-Christ au jardin des Olives. Il est à genoux, les mains jointes, le regard

tourné vers l'Ange qui lui préfente le Ca-
lice & la Croix. Dans le fond à droite l'on
voit les Apôtres endormis, & Judas à la tête
des Soldats qui viennent pour le prendre.
L'autre offre le Chrift attaché à la colonne
devant laquelle eft Saint Pierre à genoux
fur le bas d'une marche & vêtu d'une
draperie jaune qu'il foutient du bras gauche.
Ces deux précieux Tableaux font d'une
couleur vigoureufe & piquante, d'une
expreffion touchante & d'un faire égal à
celui des belles productions de cet habile
Artifte. Hauteur 12 pouces, largeur 10
pouces, peint fur marbre noir.

Par le même.

15 Saint Jofeph affis & tenant l'Enfant-Jéfus
entre fes bras, vu jufqu'aux genoux. La
fineffe de la touche, l'expreffion & le coloris agréable de ce Tableau, lui donnent
un mérite rare ; il vient des ventes de
Mˢᵗ. le Prince de Conty, N° 163 ;
vendu 1592 liv. & de celle de M. Nogaret, N° 22 de notre Catalogue, &
vendu 901 ; il eft cintré du haut, & porte
12 pouces 6 lignes de haut, fur 9 pouces
de large. T.

BARTHÉLEMI-ETIENNE MURILLO,

Né à Séville en 1613, mort en 1685.

Après avoir cultivé la Peinture avec succès dans
sa Patrie, il voyagea en Italie où il se fit admirer
de nouveau par une maniere de peindre qui lui étoit
propre, & qui produisoit un grand effet. Les Italiens
étonnés de la beauté de son génie & de la fraîcheur
de son pinceau, ne firent point de difficulté de le
comparer au célebre *Paul* Véronèse. De retour en
Espagne, Charles II le fit venir à sa Cour, dans le
dessein de le nommer son premier Peintre, mais
Murillo s'en excusa sur son âge, qui ne lui permet-
toit pas de se charger d'un emploi aussi important;
son extrème modestie étoit néanmoins l'unique
cause de son refus.

FRANÇOIS SOLIMENE.

16 La Naissance de la Vierge; riche & superbe composition de dix-sept figures
d'hommes, de femmes & d'enfans, placés
& grouppés sur différens plans aussi pitto-
resques que variés. Ce Tableau d'une composition ingénieuse & d'une couleur chaude
& brillante est peint avec une facilité éton-
nante & n'a point cette maniere seche &
dure que l'on peut reprocher souvent
à ce Maître; c'est un des meilleurs que
l'on puisse trouver d'une grandeur aussi

agréable. Il porte 36 pouces de hauteur sur 48 pouces de largeur. T.

FRANÇOIS SOLIMENE.

Né en 1657; mort en 1747.

Destiné d'abord à l'étude des Loix, Solimene n'avoit étudié la Peinture que pour qu'elle lui servît de délassement ; mais il ne put enfin résister au penchant décidé qui l'entraînoit vers cet art ; & sa réputation égala bientôt ses talens.

Une imagination vive, un goût délicat & un jugement sain, ont présidé à ses compositions. Il avoit le grand art de donner du mouvement à ses figures, & joignoit à une touche ferme, savante & libre, un coloris frais & vigoureux. On a de ce Peintre célèbre quelques Sonnets qui peuvent le placer au rang des Poëtes estimés.

PIETRO DI PETRI.

17 Deux Tableaux faisant pendans. L'un représente Sainte Catherine, vue de profil & à mi-corps, tenant la palme du martyre. Dans le coin, en bas, l'on voit une portion de la roue, & le tentateur sous la figure d'un Dragon ; l'autre offre une femme en prison, vue debout & à mi-corps, les bras croisés & enchaînés. Ces deux Tableaux peints avec finesse, font

d'une couleur brillante, & d'une touche légère. Hauteur 8 pouc. 6 lig., largeur 5 pouc. 6 lig. C.

PIETRO DI PETRI.

Cet habile Peintre mort à Rome, sa patrie, en 1716, à 35 ans, excelloit, sur-tout dans le Dessin. Il imitoit très-exactement les originaux. Tout ce qui est sorti de ses mains est estimé des connoisseurs.

ÉCOLES

FLAMANDE, HOLLANDOISE

ET ALLEMANDE.

PAUL BRIL.

480   18 Un très-beau Paysage d'un site pittoresque & agréable. Sur le devant, on voit deux chasseurs se disposant à tirer des oyes sauvages sur une portion d'étang marécageux, de l'autre côté duquel s'élèvent des rochers couronnés d'arbres touffus ; la gauche est occupée par deux grands arbres, près desquels se présente un homme vu par le dos. Le reste du Tableau est terminé par des plaines de bled monticuleuses & éclairées par les rayons du soleil. Il est

bien rare de trouver des Tableaux de ce Maître, d'une aussi belle couleur & d'un pinceau aussi précieux. Les figures y sont habilement peintes par Louis Carrache. Nous ne doutons pas que les Amateurs n'y admirent une composition noble & grande, un feuillé large & vrai ; enfin cette noblesse & ce caractere que peu de Maîtres ont parfaitement possédé. Hauteur 17 pouc. larg. 23. T.

Paul Bril.

Né à Anvers en 1554, mort à Rome en 1626.

Paul Bril eut pour Maître Daniel Wortelmans, & le quitta pour aller à Bréda, & de là à Rome, sous le Pontificat de Grégoire XIII, où son frère peignoit alors au Vatican. Après la mort de ce dernier, il fut chargé de continuer ses travaux.

J. Rottenhamer & J. Breughel.

19 Le Jugement de Pâris. Dans le milieu du Tableau, l'on voit Vénus accompagnée de l'Amour, recevant la pomme des mains de Pâris, qui y est assis ; & sur la gauche, & entr'eux deux, est Junon, qui semble faire des reproches au Berger. Tandis que Minerve les regarde d'un air tranquille, l'on voit un Amour qui vient en voltigeant

2200

apporter des fleurs à Vénus & la couron-
ner. Plus loin, l'on diſtingue Mercure &
un autre Berger. Le fond eſt terminé par
un payſage qui, ainſi que le lieu où la
ſcène ſe paſſe, eſt peint par Breughel
de Velours. Ce charmant Tableau réunit
la compoſition, le deſſein & les graces de
l'Albane, au coloris frais & brillant du
Titien. L'on peut le regarder comme le
chef-d'œuvre des deux Maîtres qui l'ont
peint, & comme le plus précieux que l'on
connoiſſe. Hauteur 7 pouces 9 lignes, largeur 6 pouces 2 lig. C. Il eſt gravé par
Viel, dans la huitiéme livraiſon de notre
Ouvrage des Maîtres Flamands & Hollandois, qui paroîtra en Juin.

J. ROTTENHAMER.

*Né à Munich en 1564 ; l'année de ſa mort eſt
ignorée.*

C'eſt de Donouwer que ce Peintre reçut les premieres leçons de ſon art. Mais convaincu de la médiocrité de ſon maître, il alla chercher des modèles à
Rome, & s'attacha à ſuivre le Tintoret. Auſſi les meilleurs Tableaux de Rottenhamer ſont-ils ceux qui ſe
reſſentent le plus de la maniere du Peintre Italien

il aimoit beaucoup à peindre le nu , & donnoit de la grâce à ses figures. Breughel & Paul Bril faisoient ordinairement le fond de ses paysages. Ses petits Tableaux sont les plus connus & les plus estimés en France.

PIERRE-PAUL RUBENS.

20 Une des femmes de Rubens, assise sur une chaise ; & vêtue d'un habillement blanc ; elle est vue de trois quarts , le dos tourné à la droite du tableau, la tête couverte d'un chapeau gris à petit bord rabattu , orné d'une plume tombant sur l'épaule gauche ; elle tient entre ses jambes un enfant debout & vêtu d'un habillement gris de lin , la tête couverte d'un bonnet noir, orné de rubans & d'un plumet ; la gauche est occupé par un autre enfant debout , tenant de la main droite son tablier,& la tête tournée presque de face. Le fond se termine par une portionde colonne & un lointain. Tout le monde sait que ce tableau est du plus *beau* de Rubens; & les cabinets qu'il a orné nous sont un sur garant que son mérite est reconnu depuis longtems. Il vient de celui de M. de la Live de Jully n°. 6, où il a été vendu 20000 liv. &

de celui de M. de Boiſſet nº. 29 où il a été vendu 18000 liv. Hauteur 42 pouces, largeur 31 pouces. B.

PIERRE-PAUL RUBENS.

Né à Cologne en 1577, mort à Anvers en 1640.

Après avoir ſuivi longtems la carriere ſeule des honneurs, Rubens entra dans celle de la peinture. Il étudia d'abord chez Tobie Verhaeſt, habile Payſagiſte, puis chez Adrien van Oort, & enfin chez Otto Vénius, qui étoit alors le Raphael Flamand. A vingt-trois ans, nourri des leçons de ſes maitres, Rubens crut pouvoir voler de ſes propres ailes, & prit un eſſor auſſi rapide qu'étonnant. Albert, Archiduc d'Autriche & le Duc de Mantoue lui accorderent leurs bonnes graces ; ce dernier même le nomma ſon Envoyé auprès de Philippe III Roi d'Eſpagne. Dans cet intervalle, Rubens ne négligea rien pour accroître la réputation qu'il s'étoit acquiſe. C'eſt ſur-tout en 1620, que ſa gloire parut dans tout ſon éclat, lorſ-que Marie de Médicis le choiſit pour peindre une des Galeries du palais du Luxembourg. Ce grand ouvrage fut exécuté entierement à Anvers hors deux Tableaux qui furent peints à Paris. Après avoir terminé cette ſuperbe entrepriſe, cet Artiſte fut char-gé de pluſieurs négociations auprès de différentes Têtes couronnées. Le Roi d'Angleterre, pour lui té-moigner l'eſtime & la ſatisfaction que ſes talens en divers genres lui avoient inſpiré, le décora du cor-don de ſon Ordre, lui fit préſent d'un riche diamant, le créa Chevalier en plein Parlement, & le combla d'honneurs.

d'honneurs. La vieilleſſe & les infirmités l'ayant aſ-
ſiégé, il revint enfin à Anvers, & y termina ſa glo-
rieuſe carriere.

Il ſeroit inutile de nous étendre ſur la maniere
de Rubens; tout le monde ſait l'avantage qu'il a
tiré du clair-obſcur; l'adreſſe avec laquelle il a ſu
lier ſes grouppes, répandre & ſoutenir les grandes
maſſes de lumiere par celle des ombres. Tout le
monde ſait enfin combien il étoit varié dans ſes at-
titudes ſimples autant que naturelles. Il n'eſt perſonne
enfin, qui n'ait admiré ſa couleur & la richeſſe de
ſa compoſition. Tout ce que nous pouvons ajouter
à ce court précis, c'eſt qu'il réuniſſoit en lui le
grand Peintre, le Savant, le Politique & l'Homme
du monde.

CORNEILLE POELEMBURG.

21 La Nativité. L'on voit l'étable pratiquée   *66,*
ſous un rocher; dans le milieu eſt la Vierge
à genoux, tenant les linges de l'enfant
Jeſus. Sur la droite on apperçoit St. Joſeph & trois bergers debout, dont un
joignant les mains. Plus loin & ſur la gauche, une femme portant un paquet, & un
jeune homme viennent adorer le Sauveur.
Dans le ſond l'on découvre la ville; &
dans le haut trois petits Anges grouppés
avec des nuages. Ce tableau, l'un des plus
précieux de ce Maître, a encore l'avan-

tage d'être d'un deſſein plus correct & plus
fin. Il ſort du cabinet de M. Bormans à
Bruxelles, & porte 6 pouces 6 lignes
ſur 8 pouces. C.

CORNEILLE POELEMBURG
ET BARTHOLOMÉE BRÉEMBERG.

22. Deux tableaux faiſant pendans; l'un
repréſente des ruines couronnées de maſſes
de feuilles, au bas deſquelles ſont quatre
figures différentes. A quelque diſtance,
ſur un autre plan, ſont deux figures;
ſur le devant eſt un pâtre debout, &
appuyé ſur ſon bâton, gardant des bœufs;
dans le fond & à droite, ſont des mai-
ſons environnées d'arbres. L'autre repréſente une grotte de rochers, ornée de
figures; ſur le premier plan eſt une femme
qui ſavonne ſur le bord d'un ruiſſeau. Dans
le coin à droite eſt une fontaine où deux
femmes blanchiſſent du linge; ſur le troiſieme plan eſt une femme qui l'étend ſur
des cordes. Ces deux jolis tableaux ſont
fins & piquans, & portent 7 pouces de
diametre en rond. B. & C.

CORNEILLE POELEMBURG.

23. Un très-beau paysage représentant une 2000
suite de montagnes. On y voit pour figures Diane sortant du bain, accompagnée de dix de ses Nymphes; trois d'entr'elles sont à droite du tableau, occupées à se rajuster, tandis que deux autres
dans l'éloignement se baignent. La Déesse
est debout sur le devant, environnée de
quatre de ses femmes formant un grouppe
très-intéressant; des montagnes & un beau
ciel terminent le fond de ce tableau qui
est un des meilleurs ouvrages de ce Maître.
Hauteur 12 pouces 4 lignes, largeur 15
pouces 9 lignes. C.

CORNEILLE POELEMBURG

Né à Utrecht en 1586, mort en 1660.

Après avoir reçu les premieres leçons de la peinture d'Abraham Bloemaer, Poelemburg alla en Italie. Il s'attacha d'abord à la maniere d'Elzheimer,
puis à celle de Raphael, mais il négligea le dessin,
la partie principale que l'on admire dans ce grand
Maître. De retour à Utrecht, il reçut chez lui Rubens qui lui fit faire plusieurs Tableaux pour son
cabinet. Charles I, Roi d'Angleterre, appella cet

Artiste à sa Cour ; & voulut l'y fixer ; mais il préféra sa patrie à une Cour étrangere.

La maniere de Poelemburg est suave & légere. Ses masses sont larges ; il savoit choisir des lointains agréables, qu'il ornoit de ruines ou d'édifices. Les petites figures qu'il faisoit souvent nues, sont bien coloriées ; il se plaisoit sur tout à peindre des femmes. Sa touche étoit pleine d'esprit, mais le dessin étoit rarement correct ; il lui manquoit dans ce genre cette finesse qu'il avoit dans le pinceau.

JEAN BREUGHEL, dit BREUGLE de Velours.

75,2

24 Deux Tableaux faisant pendans ; l'un représente une grande riviere sur le bord de laquelle on compte 50 figures placées sur différens plans, dont plusieurs sont occupées à vendre du poisson, que l'on sort de différentes barques de Pêcheurs. L'autre offre sur le devant d'un chemin deux hommes occupés à charger une charrette attelée de deux chevaux ; dans le milieu l'on voit une maison de meunier, avec un moulin à eau, dont les cascades forment une riviere, à droite de laquelle l'on voit un chemin conduisant à une porte de ville. Ces deux Tableaux sont de forme ronde, & portent 7 pouces, 6 lignes de diametre en rond. B. & C.

JEAN BREUGHEL,
Né à Bruxelles vers l'an 1589.

Ayant d'abord appris à peindre en détrempe, Breughel fut placé chez Pierre Goe-Kindt, où il commença à peindre à l'huile. Il quitta ensuite ce Maître pour passer à Cologne, & de Cologne en Italie. Breughel avoit le talent de faire des paysages aux Tableaux des plus habiles Maîtres, tels que Rubens, Rottenhamer, &c. Il peignoit avec le même succès les figures dans les ouvrages de Steenwich, Mowper & autres. Ses paysages sont peints avec esprit, ses fonds sont riches, ses accessoires précieusement finis, sa couleur est belle, quoiqu'un peu bleue dans les lointains. Sa magnificence lui a valu le surnom de *Velours*, parce qu'en hiver il ne portoit que des habits de velours, comme celui de *Breughel d'Enfer* a été donné à celui-ci, parce qu'il peignoit les incendies.

JACQUES JORDAENS.

25 Les quatre Evangelistes; ils sont vus plus qu'à mi-corps; on distingue principalement Saint Jean au milieu des trois autres, & paroissant lire avec attention dans un grand livre qui est ouvert devant lui & posé sur une table. Un d'eux placé derriere lui semble prêt à écrire, tenant de la main droite une plume, & de la gauche un livre ouvert. Le fond de ce Ta-

C iij

bleau eſt un rideau rouge qu'un troiſieme
ſoutient de ſa main droite. Ce Tableau
l'un des mieux deſſinés & des plus vigoureux de ce Maître, eſt regardé à juſte titre
comme l'un de ſes plus beaux. Hauteur
48 pouc. larg. 42 pouc. T.

JACQUES JORDAENS.

*Né à Anvers le 19 Mai 1594, mort à Anvers
le 18 Octobre 1674.*

Jordaëns eut pour maître Adam Van Ort; & ſans
jamais avoir été en Italie, il aima les Peintres de ce
pays, les copia, entr'autres le Titien. Rubens en fit
ſon ami, vanta ſes talens, & lui confia quelques ouvrages. En général ſes compoſitions ſont pittoreſques,
ſa couleur eſt vigoureuſe & brillante, mais ſon deſſin
eſt ſouvent ſans goût. Il drapoit avec aſſez d'intelligence. Son principal mérite conſiſte dans la facilité &
la touche de ſon pinceau.

ANTOINE VAN DYCK.

26 Le Préſident Richardot, l'un des Mi-
niſtres de Philippe ſecond, vu à mi-corps
s'appuyant d'une main ſur l'épaule droite
de ſon fils qui eſt placé devant lui. Ce
Tableau ſublime eſt connu pour le chef-
d'œuvre de Van Dyck. Il vient des cabinets de feu M. de Gaignat, n°. 16, vendu

9200 liv. Et Randon de Boiſſet, n°. 45,
vendu 10400 liv. Haut. 42 pouc. larg.
30 pouc. B.

ANTOINE VAN-DICK,

Né à Anvers en 1599, mort à Londres en 1641.

Son pere qui peignoit ſur verre lui donna les premieres leçons de la Peinture, & le plaça enſuite chez
Van-Balen. La réputation de Rubens & la vue de
quelques-uns de ſes Tableaux, inſpirerent à Van-
Dick le deſir d'être admis à ſon école. Rubens ſe fit
un plaiſir de l'y recevoir. Un ſoir que ce dernier,
ſelon ſa coutume, étoit ſorti pour aller prendre l'air
après avoir travaillé à la fameuſe deſcente de croix,
Diépenbeck, pouſſé par un de ſes camarades, tomba
ſur le Tableau, & effaça le bras de la Magdeleine,
la joue & le menton de la Sainte Vierge, que ce
Peintre avoit fini dans ſa journée. A cette vue, ils
ſe dispoſoient tous à prendre la fuite, lorſque Van-
Koër prenant la parole : *Il faut riſquer*, dit-il, *le
tout pour le tout : nous avons encore trois heures
de jour, que le plus habile de nous prenne la palette & répare ce qui eſt effacé; pour moi je donne
ma voix à Van-Dick.* Tous applaudirent. Van-Dick
ſeul doutoit du ſuccès : mais cédant aux inſtances de
ſes camarades, il ſe mit à travailler, & y réuſſit ſi
bien, que le lendemain Rubens, en examinant ſon
travail de la veille, dit en préſence de ſes Eleves
qui étoient ſaiſis de crainte. *Voilà un bras & une*

C iv

tête qui ne font pas ce que j'ai fait hier de moins bien.

Van-Dick alla en Italie, & s'arrêta à Venife, où il étudia fur-tout le Titien & Paul Véronefe : il paffa de-là à Gênes, enfuite à Rome d'où il revint à Anvers. Rubens lui offrit fa fille en mariage ; il l'a refufá, fous le prétexte d'un voyage qu'il vouloit encore faire à Rome, d'autres prétendent à caufe de l'amour qu'il portoit à la mere. Il fit des voyages à la Haye, en Angleterre, en France qu'il quitta pour retourner dans fa patrie, & enfin en Angleterre. Le Chevalier Digby fon ami, qui l'avoit décidé à ce voyage, le préfenta au Roi qui le reçut avec bonté, & le combla de préfens & d'honneurs. Charles I qui fe plaifoit à entretenir Van-Dick, fe plaignant un jour du mauvais état de fes finances : *Vous ne favez pas, Chevalier,* lui dit-il ; *ce que c'eft que d'avoir befoin de 5 à 600 guinées.* —— *Sire,* lui répondit Van-Dick, *un Artifte qui tient table ouverte à fes amis & bourfe ouverte à fes maîtreffes, ne fent que trop fouvent le vuide de fon coffre fort.* Ce dernier article de dépenfe eût infailliblement épuifé fes fonds & fon tempérament, fi le Duc de Buckingham ne l'eût marié, du confentement du Roi, à la fille de Mylord Ruthven, Comte de Gorée.

Van-Dick joignoit dans fes portraits la perfection de l'art au charme de la vérité. La reffemblance & l'imitation des étoffes y font furprenantes. Il a peint l'Hiftoire avec autant de fuccès que fon maître. S'il avoit moins de génie, & moins de feu, il l'a furpaffé peut-être par la délicatesse de ses teintes & la fonte de ses couleurs.

ALBERT KUIP.

27 La vue d'une campagne; sur le devant & près d'une descente on voit un homme vêtu de rouge, & à cheval, donnant l'aumône à deux petits garçons. Sur un autre plan, & dans le lointain, sont trois hommes debout, arrêtés & causant, à quelque distance d'un troupeau de moutons : à gauche, & sur une hauteur, est un homme assis. Le fond offre des villages & des hameaux. Ce Tableau, l'un des plus fins & des plus piquants de ce Maître, vient du cabinet de M. Tronchin. n°. 26 de notre Catalogue, vendu 500. liv Hauteur 9 pouc. 6 lig larg. 18 pouc. B.

ALBERT KUIP.
Né à Douay en 1606.

Son pere, Gorits Kuip, fut son Maître, & fut bientôt surpassé par lui. Les Paysages d'Albert Kuip représentent ordinairement des vues agréables avec des rivieres : tantôt des eaux courantes ou tranquilles, chargées de bateaux, tantôt des routes avec des voituriers, & des prairies avec des animaux. Il peignoit bien les clairs de lune. Il rendoit bien les chevaux. Tous ses Ouvrages sont estimés.

REMBRANDT VAN RYN.

28 Deux Tableaux connus fous le titre des
Philofophes : l'un en méditation, & l'autre
en contemplation, gravés par Louis Su-
rugue. Ils font affis devant une table, &
éclairés d'une feule croifée par où le foleil
entre & frappe fur plufieurs parties de
l'appartement. L'harmonie & le clair obf-
cur font portés au plus haut degré de perfection dans fes Tableaux. Ils viennent des
Cabinets de MM. de Choifeul, & vendus
14000 l.; & Randon de Boinet, n°. 49 du
Catalogue, vendus 10900 l. Haut. 10 p. 3 l.
largeur 12 pouc. 6 lig. B.

PAR LE MÊME.

29 Le Portrait d'une belle femme, repréfen-
tée à mi-corps, la tête prefque de face,
coeffée en cheveux, avec des boucles aux
oreilles ; les épaules couvertes d'un mante-
let fourré, qui laiffe voir une partie de fon
bras gauche, orné d'un bracelet de perles.
Ce Tableau, d'une pâte de couleurs admirable, & d'une grande harmonie, a tenu
un rang diftingué dans les meilleurs Cabinets. Il vient en dernier lieu de celui de

M. de la Valliere. n°. 48. Haut. 28 pouc·
larg. 23. T.

REMBRANDT & RUBENS.

30 Deux Paysages fort rares & très riches de
composition : l'un par Rembrandt, offre
des fabriques & bâtimens entourés de belles
eaux & éclairés d'un coup de soleil. Sur
le devant, l'on voit plusieurs figures &
un carrosse attelé. Le Pendant, par Rubens,
offre un site pittoresque éclairé par un ciel
d'orage. Ces deux Tableaux viennent des
Cabinets de MM. de Julienne, n°. 138
vendu 2071 liv. le Duc de Choiseul, n°. 3
vendu 2401 liv, & M. le Prince de Conty,
n°. 291 & 292 vendus 1720 liv. Hauteur
16 pouces, largeur 24 pouc. T.

REMBRANDT VAN RHYN.

Né en 1606, mort en 1674.

Le pere de cet Artiste, quoique Meûnier, voulut
en faire un Savant ; mais le dessin seul plut à Rembrandt, & toute son attention se porta vers ce genre
d'étude. Son pere convaincu de ses dispositions, le
plaça successivement chez Jacques Van Zwaanemburg,
Peintre, chez Pierre Lastman, & enfin chez Jacques
Pinas. Mais bientôt il quitta ces trois Ecoles pour
suivre un Maître plus sûr, la nature. Il a su, par

une entente admirable du clair obscur, produire presque toujours des effets éclatans dans ses Tableaux. Son
génie, quoique peu élevé, étoit plein de feu & d'é-
nergie. Pour la couleur, on peut le mettre à côté
des plus grands Maîtres. Il soutenoit même l'idée qu'il
avoit donnée de son coloris, jusques dans ses gra-
vures. Les Historiens de sa vie citent des traits frap-
pans de l'avarice sordide qu'ils lui ont reprochée.

DAVID TENIERS.

31 Une Fête Flamande, composée de cin-
quante cinq figures, les unes dansent, les
autres sont à table, & toutes forment
l'aspect le plus agréable par la variété
de leur action. Ce morceau de la plus haute
réputation vient du Cabinet de Madame
la Comtesse de Verue, de celui de M.
Lempereur, N° 43, vendu 1000l liv. &
en dernier de celui de M. de Boisset,
N° 59, & vendu 9999 liv. 19 s. Hauteur 30 pouces, largeur 40 pouces. T.

PAR LE MÊME.

32 Une Chasse au Faucon, où l'on voit
sur la gauche & dans un plan coupé l'Archiduc Léopold, suivi de son Grand Fauconnier & d'un autre personnage de sa suite,
tous trois à cheval; ils regardent sur une

monticule élevée, un Héron se débattant
contre deux Faucons, tandis qu'un Valet
de pied accourt sur sa droite pour leur
jetter les chaperons; dans le haut & sur
le ciel l'on voit encore deux autres Faucons
prêts à tomber sur un autre Héron; le
fond est enrichi de paysages & lointains.
Ce Tableau est de la meilleure qualité de
Teniers, un ton argentin & une touche
franche n'y laissent rien à desirer. Hauteur
30 pouces, largeur 40 pouces 6 lignes. T.

PAR LE MÊME.

33 L'Intérieur d'une Chambre de paysans. 3001
Sur le devant & autour d'une table on
voit sept personnages principaux, dont
deux jouent aux dés, un troisieme tenant
sa pipe, les regarde. Dans le fond à
droite on voit un homme, une cruche à
la main, monter plusieurs marches de
pierre. Ce Tableau, d'une finesse extraordinaire, est peint encore avec une force
& une harmonie égale à celle des beaux
ouvrages de Rembrandt. Hauteur 15 pouces 6 lignes, largeur 22 pouces 3 lignes T.

PAR LE MÊME.

34 L'Intérieur d'une Chambre de payſans dans laquelle l'on remarque ſur le premier plan un vieillard vu de face, tenant d'une main ſon chapeau, & de l'autre un bâton; à droite & ſur le ſecond plan, ſont deux Payſans ſe chauffant à une cheminée. Ce Tableau d'une franchiſe de touche admirable, eſt du ton de couleur le plus vrai & le plus léger; il vient de la vente de M. Trouard, Nº 97, & a été vendu 1551 liv. Hauteur 22 pouces, largeur 9 pouces. B.

PAR LE MÊME.

35 Un Paſtiche dans le genre du Baſſan; ce Tableau repréſente trois Bucherons occupés, l'un à fendre du bois, l'autre à lier les fagots, & le troiſieme à les charger ſur un âne; ſur un plan plus éloigné l'on voit par le dos une femme qui marche à l'aide d'un bâton ſur lequel elle s'appuie. Le fond offre différens acceſſoires & des cabanes ſituées au bord d'une riviere dans un payſage. Ce Tableau eſt d'une vigueur de couleur & d'une touche qui imitent parfaitement les beaux ouvrages du Baſſan.

Hauteur 24 pouces 6 lignes, largeur 21 pouces 6 lignes, toile collée sur bois.

DAVID TESNIERS,

Né à Anvers en 1610, mort en 1694.

David Tesniers fut Eleve de son pere. Avant d'entrer dans l'Ecole d'Adrien Brauwer, Rubens lui donna aussi quelques leçons sur l'art de colorer avec harmonie. Ainsi, il tint son génie de la nature, son goût de son pere, & la perfection de Rubens. l'Archiduc Léopold, & ensuite le Roi d'Espagne, employerent ses talens, & contribuerent à sa fortune. Mais pour étudier plus librement la nature, Tesniers se déroba au monde, & se retira dans le village de Perck, entre Anvers & Malines. Il la chercha dans les fêtes de Village. Il observa la danse, les jeux, les festins rustiques, la joie, la colere, les débats des habitans de la campagne. Outre le genre particulier qu'il avoit adopté, il a fait encore des Pastiches, & on a de la peine à le reconnoître, quand il a imité le Bassan, le Tintoret, & sur-tout Rubens. Il étoit si sûr de sa pratique, qu'il la changeoit à son gré. On ne peut mieux faire usage des couleurs locales. Il savoit lier ses grouppes, placer ses ombres & ses lumieres avec beaucoup d'art. Son feuillé est facile, ses ciels peu variés, mais touchés avec légereté. Quand au dessin, s'il ne l'a pas poussé à un certain dégré de perfection, il s'est du moins montré correct & spirituel dans cette partie.

ADRIEN VAN OSTADE.

36 Une Ecole hollandoise. Sur le devant & à droite on voit le Maître habillé selon le costume du pays. Un rayon de soleil qui passe au milieu de la chambre produit l'effet le plus piquant; du même côté est un escalier rustique. Une fenêtre éclaire le fond de ce tableau qui est enrichi d'un grand nombre d'enfans des deux sexes en différens grouppes aussi variés qu'intéressans. L'harmonie & la couleur brillantes qui regnent dans ce tableau l'ont toujours fait regarder comme un des chefs-d'œuvre d'Adrien van Ostade. Il est cité dans le catalogue de M. de Julienne n°. 154, vendu 6425 liv. Dans celui de M. de Boisset, n°. 70, vendu 6610 liv. 1 sol. & dans celui de M. de Pange n°. 19 & vendu 6000 liv. Hauteur 14 pouces, Largeur 12 pouces. B.

PAR LE MÊME.

37. L'intérieur d'une chaumiere éclairée par une croisée. Dans le milieu du tableau & devant une cheminée, l'on voit un homme assis dans un fauteuil & une femme

assise

affise à terre, s'occupant à changer les linges d'un enfant; près d'eux, on remarque un berceau & d'autres acceffoires. La droite offre dans le haut un homme fur une échelle, au bas de laquelle eft une porte de cave. Une auge, des uftenfiles de cuifine, des légumes & des poules placées fur différens plans enrichiffent ce morceau, l'un des plus précieux pour l'harmonie & de l'effet le plus vrai & le plus piquant; il peut faire un fuperbe milieu au philofophe de G. Dow & de Rembrandt. Hauteur 12 pouces, largeur 16 pouces. B.

PAR LE MÊME.

38 Un homme vu à mi-corps, tenant une cruche de terre & une pipe, il a la tête couverte d'un bonnet noir & d'un gillet à manches grifes. Hauteur 10 pouces, largeur 8 pouces. B. Ce joli tableau eft dans fon genre égal aux précédens.

ADRIEN VAN OSTADE.

Né à Lubeck en 1510, mort en 1685.

L'amour que cet Artifte reffentit dès fa plus tendre jeuneffe pour la peinture, l'attira en Hollande. il entra chez Franck Hals, célebre peintre de por-

D

trait ; mais il quitta bientôt la maniere de son Maître , pour ne faire que de petits tableaux. Les scènes
les plus triviales attachoient son attention , & il
réussit si bien à les rendre , qu'il est devenu inimitable dans ce genre. Ostade est après Rembrandt
le peintre qui a le mieux entendu l'effet du clair-
obscur ; sa couleur est d'une fonte admirable , &
ses caracteres de tête sont très-expressifs.

ISAAC VAN OSTADE.

39 La vue d'un canal glacé. On y voit à
droite un homme & une femme dans un
traineau attelé d'un cheval blanc, près
duquel est son conducteur. A quelque distance est un chemin qu'un cavalier &
trois autres personnages vont descendre,
laissant derriere eux une maison & des
arbres dépouillés de leurs feuilles. Dans
le milieu & en avant est un homme appuyé sur un traineau chargé d'une bar-
rique & d'un panier, il semble causer
avec un autre homme vu par le dos.
La gauche est occupée sur le devant par
un grand arbre dépouillé , près duquel
est une maison où un homme est appuyé contre la porte. Vingt-neuf autres
figures sur différents plans & par dif-

férens grouppes enrichissent ce tableau, l'un des plus capitaux de ce Maître, dont tous les amateurs connoissent la rareté. Il réunit à une composition aussi variée une couleur & un effet piquans. Hauteur 43 pouces, largeur 45 pouces. T.

ISAAC VAN OSTADE.
Né à Lubeck en 1611.

Isaac Ostade fut éleve de son frere. On juge par ses tableaux, que l'on croyoit ceux de son Maitre, qu'il l'a égalé, & qu'il l'auroit même surpassé, s'il eût vécu aussi longtems : les ouvrages de ce Maître ne sont pas connus en France depuis beaucoup d'années, mais le prix auquel on les porte prouve qu'on a sçu apprécier leur mérite.

BARTHOLOMEUS VAN DER HELST.

40 Un tableau représentant quatre hommes assis devant une table sur laquelle il y a un tapis ; ils tiennent un goblet, une bandouliere & d'autres choses, qui doivent servir de prix, & sur la distribution desquels ils semblent délibérer. L'on voit dans le fond du tableau trois jeunes gens qui ont en main leur arc, & qui semblent attendre avec impatience que

l'on faſſe la diſtribution des prix qu'ils ont remportés. Nous ne connoiſſons rien d'aucun Maître que l'on puiſſe comparer à ce rableau ; c'eſt par-tout la nature, ſans aucun des ſecours que l'art n'emploie que trop ſouvent. C'eſt le ſeul en petit que l'on connoiſſe de ce Maître. Il vient de la vente de Loquet à Amſterdam ; Houbraken en a fait la deſcription dans ſa vie des Peintres. Hauteur 20 pouc. largeur 26 pouces, toile colée ſur bois.

BARTHOLOMEUS VAN DER HELST.

Né à Harlem en 1613, mort à Amſterdam avancé en âge.

Ses tableaux ſont rares dans la Hollande & dans la Flandre. Celui qui donna la plus haute idée de ſon talent, eſt dans la maiſon de ville d'Amſterdam. on y voit peints tous les chefs de la milice bourgeoiſe, de grandeur naturelle ; les chairs, les étoffes, les vaſes d'or & d'argent ſont imités dans une très-grande perfection, il n'a été ſurpaſſé par perſonne ; Kencller a toujours parlé avec éloge des talens de van der Helſt.

Des Camps tom. 2 pag. 200. On voyoit du même en petit, chez M. de Graef, Seigneur de Polsbroek, en Hollande, un tableau repréſentant en pieds les quatre Chefs des Confrairies, qui eſt le tableau deſigné ci-devant & que nous préſentons au public.

GÉRARD DOW.

41 L'intérieur de la boutique d'un Épicier, ornée de tous les accessoires relatifs à ce commerce. On y voit à travers une croisée ceintrée par le haut, une femme occupée à peser, tandis qu'une vieille femme compte de l'argent. Près de celle-ci est une jeune fille tenant un panier dans son bras, & derriere elle un jeune garçon tenant un pot. Ces quatre figures sont vues plus qu'à mi-corps. Ce superbe Tableau très-connu sous le nom *de la Marchande de Poivre*, est regardé comme le chef d'œuvre de Gérard Dow. Tout y est du meilleur choix, & du plus grand fini, sans que l'on y remarque la maigreur & la sécheresse quelquefois inséparables de ce genre; en l'examinant même à la Loupe, on voit qu'il est peint d'une maniere large & grande. Hauteur 14 pouces, largeur 10 pouces 6 lignes. B. Il vient de la vente de M. de Randon de Boisset, N° 76 de son Catalogue, & a été vendu après son décès 15500 liv. 1 f.

PAR LE MÊME.

42 Une vieille Femme aſſiſe devant une table couverte d'un tapis verd, ayant les
bras étendus & les mains jointes ; elle
ſoutient un livre ouvert dans lequel elle
paroît occupée à lire. Sa tête eſt vue de
trois quarts, couverte d'un bonnet fourré
de poil, & enveloppée de mouſſeline rayée
de différentes couleurs ; Son habillement
eſt de velours violet doublé de poil ;
ce fin & précieux Tableau eſt un de ces
petits Chef-d'œuvres rares à rencontrer par
la vérité & le fini qui regnent dans les
bons ouvrages de ce grand Maître ; il eſt
de forme ovale en hauteur, & porte 5
pouces 6 lignes ſur 3 pouces trois lignes.
Il ſert de pendant au Nº 75, par
Schalken.

GERARD DOW.
Né à Leyden en 1613.

Eleve de Rembrandt ; il ſçut allier à l'intelligence
du clair-obſcur, la pureté des couleurs, le gracieux,
la correction, l'effet & le fini le plus précieux. Il
craignoit ſi fort tout ce qui pouvoit altérer le brillant de ſa couleur, que pour ſe garantir de la pouſſiere
il avoit fait conſtruire ſon atelier ſur un canal. Il

ne tiroit son jour que d'en haut, pour avoir des ombres plus avantageuses. Personne ne touchoit à sa palette ni à ses pinceaux : avant même de travailler, il restoit assis quelques instans pour donner à la poussiere le tems de tomber. On rapporte que la femme d'un Résident de Dannemarck voulut avoir son portrait par Gérard Dow, qui s'étoit d'abord adonné à ce genre, & qu'il la tint cinq jours de suite pour peindre une seule de ses mains.

GABRIEL METSU.

43 Un Tableau précieux, représentant une femme assise & vétue d'un casaquin blanc, tenant un verre de vin qu'un homme vient de lui verser ; celui-ci debout, tient aussi un pot & son chapeau ; dans le fond & derriere une table qui est déjà servie & sur laquelle sont des gauffres, l'on voit entrer une servante qui apporte un plat. L'on ne peut rien voir de plus fin, ni de plus beau. Hauteur 15 pouces, largeur 13 pouc. B.

PAR LE MÊME.

44 Un Chymiste assis dans sa chambre & vu de profil par une fenêtre ; il tient sur ses genoux un grand livre ; sur l'appui de la croisée est un mortier de bronze, un pot

de fayance, fon écritoire, & le deffus eft orné d'une plante de lierre. Ce Tableau très précieux eft d'une couleur tranfparente & émaillée. Il vient de la vente de Mgr. le Duc de Choifeul, n°. 21, & vendu 3200 liv. & de celle de Mgr. le Prince de Conty, n°. 329, vendu 2501 liv. Hauteur 9 pouc. 6 lignes, largeur 8 pouces 6 lig. B.

GABRIEL METSU,

Né à Leyde en 1615, mort à Amfterdam en 1658.

Les Hollandois regardent Metfu comme un de leurs premiers Peintres. Il a peint les étoffes avec la derniere vérité. Son deffin eft exact, fes Tableaux font brillans & clairs; il a feulement le défaut de prefque tous les Maîtres Hollandois, de n'avoir pas mieux choifi fes modeles de femmes.

JEAN WINANTS & J. LINGELBACK.

2800

45 Un très-beau Payfage; le milieu offre un grand chemin, où paffe un berger conduifant un troupeau de bœufs & de moutons. A gauche s'offre une haie faite de planches, deux vieux arbres & quelques maifons de payfans. Dans le fond eft une maffe d'arbres qui annonce l'entrée

d'un bois. A droite, des lointains, des prairies & des dunes, frappées d'un coup de
lumiere piquant, ajoutent à l'agrément de
ce Tableau, qui eft du ton de couleur le
plus argentin. Il vient de la vente de M.
Trouard, n°. 127, & vendu 2400 livres.
Hauteur 30 pouc. larg. 37 pouc. T.

JEAN VYNANTS & ADRIEN VANDEVELDE.

46 Un Tableau fin & précieux, repréfentant 105)
un Payfage d'un fite gracieux & riche;
on y voit dans le milieu, des grouppes d'arbres; fur la gauche paffe une riviere; dans
le fond on remarque des Chaffeurs pour-
fuivant un cerf au moment où il fe lance
à l'eau; une dune fablonneufe termine le
devant de ce Tableau, dont les figures
font peintes par Adrien Vanden Velde, &
vient de la vente de M˟ˢ. de Gagny, n°. 76.
où il a été vendu 1216 liv. & de celle de M.
Dazincourt, n°. 14, vendu 1040 liv.
Hauteur 10 pouc. largeur 13 pouc. B.

JEAN WYNANTS.
Né vers l'an 1600.

Cet Artifte jouit d'une réputation diftinguée; il la
doit à une touche légere & favante, à une belle

entente de lumiere, à des sites heureusement choisis, à des ciels bien peints. Wynants faisoit faire les figures de ses Tableaux par van Thulden, par Ostade, par Wouvermans, par Linghelbach, par Adrien vanden Velde & autres.

PHILIPPE WOUVERMANS.

47 La Chasse au Cerf; ce Tableau composé de dix-huit figures & de dix-neuf animaux, est très-connu par l'Estampe qu'en a gravé *Moyreau*, N° 13 de son Œuvre, sous le titre de la *petite Chasse au Cerf*; l'on ne connoît rien de plus parfait de ce grand Peintre qui paroit s'être plu à réunir dans ce Chef d'œuvre toutes les parties de son art dans lequel il excelloit. Il vient du Cabinet de M. de Gagny, N°. 111, il a été vendu 6620 l. & N°. 5 de celui de M. d'Azincourt, vendu 7901 liv. Hauteur 11 pouces, largeur 14 pouces. C.

PAR LE-MÊME.

48 Un Paysage montagneux & sablonneux, où l'on voit un homme monté sur un cheval blanc qu'il fait boire dans une riviere; à côté de lui sont deux Pêcheurs avec leurs lignes; un Enfant, sur une planche

qui fert de Pont, regarde deux hommes qui retirent un filet. Un Pauvre demande l'aumône à deux Cavaliers qui defcendent la montagne, fuivis de leur chien ; au pied d'une élévation, fur laquelle font placées deux Chaumieres, s'offrent une Femme & deux Enfans qui jouent enfemble ; on apperçoit une autre figure dont la tête paffe au-deffus des brouffailles qui couvrent cette élévation. Ce fuperbe Tableau, d'une couleur & d'un effet des plus piquants, ne le céde en rien aux précédens. Hauteur 13 pouces 6 lignes, largeur 18 pouces. Il vient de la vente de M. Poullain, N°. 57 de notre Catalogue, & a été vendu 3500 liv. B. il eft gravé par Beaumont, fous le titre de la Pêche, & tiré du Cabinet de M. de Julienne.

PHILIPPE WOUVERMANS.

Né à Harlem en 1620, mort à Amfterdam en 1668.

Il étudia d'abord fous fon pere, médiocre Peintre d'Hiftoire ; mais Vinants, Peintre habile, le reçut chez lui, & lui fit changer fa maniere. Le jeune Eleve employa fi bien fon tems, qu'il fe vit bientôt en état de n'avoir plus d'autre maître que la nature.

Wouvermans, retiré chez lui, se livra tout entier à cette étude, & acquit en peu de tems le talent distingué qu'on lui connoît. Ses Sujets les plus ordinaires étoient des Chasses, des Foires, des chevaux, des attaques de cavalerie. Ses chevaux & ses figures sont correctement dessinés & d'une belle couleur. Ses Tableaux sont généralement harmonieux ; ses oppositions sont larges, & la division de ses plans imperceptible ; ses lointains, ses ciels, ses arbres, ses plantes ; tout est une imitation exacte de la Nature.

BARTHOLOMÉE BRÉENBERG. 1634.

49 Saint Jean prêchant dans le désert. L'on voit le Saint monté sur un rocher, & environné d'un Peuple nombreux, les uns à pied, les autres à cheval ; d'autres figures sont placées sur différens plans ; l'on y en compte 72, dont celles du premier plan portent quatre pouces six lignes de proportion. Le fonds est terminé par un beau Paysage orné de très-belles ruines. Ce Tableau capital est de la premiere conséquence. La composition en est riche & la touche en est belle, le ton de couleur clair & agréable. Hauteur 19 p. 6 lig. larg. 27 pouc. 6 lig. Il vient de la vente de M. de Boisset, n°. 96, & a été vendu 5019 liv. 19 s.

BARTHOLOMÉE BRÉEMBERG.
Né à Utrecht en 1620, mort en 1660.

On ne fait qui fut fon Maître, ni en quel tems il alla en Italie, où il a prefque toujours étudié les Ruines & les beaux Payfages des environs de Rome. Ses Sujets & fes Figures font nobles, fes Payfages font pleins de vérité, & prefque toujours embellis de débris d'architecture. Il voulut d'abord imiter Bamboche, & il tomba dans le noir ; mais il peignit dans la fuite des Tableaux clairs & vigoureux.

J. BOTH & CORNEILLE POELEMBURG.

50 Un beau Payfage richement orné d'arbres & de montagnes. La droite préfente une cafcade d'eau tombant d'un rocher élevé & fe réuniffant à une riviere qui traverfe toute la partie gauche. L'on y voit auffi huit figures de femmes peintes par Corneille Poelemburg, placées fur différens plans, dont un grouppe principal de trois femmes debout font fur le devant. La gauche de ce Tableau eft occupée par un lointain d'une grande étendue de pays, coupé par des montagnes & des valons ; les devans font enrichis de plantes & de brouffailles touchées avec efprit, & du bon faire de ce Maître. Hauteur 27 pouc. largeur 41 pouc. T.

JEAN BOTH.

Né à Utrecht vers 1620, mort à Amsterdam vers 1660.

Il fut Eleve d'Abraham Bloemaert, ainsi que son frere André. Ils allerent à Rome ensemble ; & Jean Both s'attacha à la maniere de Claude le Lorrain, & réussit parfaitement à se faire une maniere distincte. Ses Tableaux sont assez rares en France & en Hollande. L'on dit qu'ils sont plus communs en Italie, où il resta fort long-tems.

JEAN-BAPTISTE WÉÉNINX.

1100

51 Des Ruines sur le devant desquelles on voit une Paysanne vêtue d'un corset jaune, à manches bleues, & d'une jupe rouge ; la tête coeffée d'un chapeau de paille : elle est assise, & tient dans ses bras & sur ses genoux un chien. Cette figure est vue en grande partie en demi-teinte, & éclairée seulement sur le côté par un rayon de soleil. Deux moutons, une chevre & un veau occupent les devants du Tableau, à la droite duquel est une belle plante. Ce morceau, d'un effet piquant & vigoureux, est aussi d'une touche fine & séduisante. Hauteur 14 pouc. 6 lig. larg. 11 p. 6 l. B.

JEAN-BAPTISTE VÉENINX.

Né à Amsterdam en 1621, mort en 1660.

Fils d'un Architecte, Wéeninx fut placé successivement chez un Libraire & chez un Drapier. Mais le commerce n'ayant nuls attraits pour lui, ses parens le firent entrer d'abord chez Bloemaert, puis chez Nicolas Moyaert. Il avoit fait un voyage en Italie, où il comptoit se fixer; mais il céda aux instances de sa femme, qui ne put l'y aller trouver; & quittant à regret Rome, où il laissoit un puissant Protecteur dans la personne du Cardinal Pamphile, il choisit Utrecht pour sa résidence ordinaire.

Wéeninx est le seul qui ait également bien traité l'Histoire, le Paysage, le Portrait, les Animaux, les Rivieres chargées de bateaux, les Marines, &c. Il possédoit à fond la théorie & la pratique de son art; ce qui peut le mieux faire l'éloge de ses petits Tableaux, c'est qu'on les a souvent confondus avec ceux de Gérard Dow & de Mieris.

NICOLAS BERCHEM.

52 Une belle Campagne coupée par un ruisseau que passent des Pâtres conduisant des bestiaux. On voit sur le premier plan une femme vêtue d'un corset rouge, & montée sur un cheval bai; elle semble parler à un de ces Pâtres, qui est debout, tenant de la main droite son batoir; ils sont pré-

cédés & suivis de trois chiens : à gauche,
& derriere eux, eſt un homme à pied,
ſuivi de ſon chien qui conduit le troupeau. On compte dix neuf vaches de
différentes couleurs, parmi leſquelles on
en remarque une blanche ſuivie d'une autre
que monte un Payſan. Le troupeau paroît
gagner un chemin élevé ſur la droite. On
apperçoit encore d'autres animaux dans le
lointain. Le fond eſt terminé par de hautes
montagnes. Ce Tableau, clair & brillant
comme l'éclat du jour, eſt un de ces morceaux précieux que l'on rencontre bien
rarement. Une compoſition ſimple, un
deſſin facile & correct, une couleur &
une légéreté de pinceau admirables, aſſurent
à ce Chef-d'œuvre le premier rang parmi
les Ouvrages de Nicolas Berchem. Hauteur 12 pouc. larg. 15 pouc. B.

NICOLAS BERCHEM.

Né à Harlem en 1624, mort le 18 Fév. 1683.

Le nom de famille de ce Peintre eſt Haerlem ;
le ſurnom de Berchem lui fut donné, parce qu'un jour
ſon pere le pourſuivant pour le maltraiter, Van Goyen,
ſous qui il étudioit alors, arrêta le pere, & cria à ſes
autres Eleves : *Berchem*, ce qui ſignifie *cachez-le.*

Il

Il avoit d'abord eu son pere pour Maître, puis Van Goyen, qu'il quitta pour s'attacher à Gribber, & enfin à Weninx.

Berchem traita l'Histoire & le Paysage ; mais il réussit beaucoup mieux dans ce dernier genre. Sa maniere est excellente ; heureux dans le choix de ses compositions variées à l'infini, personne n'a poussé plus loin que lui la couleur, la touche & l'intelligence de la lumiere & des ombres. Ses Figures & ses Animaux sont d'un dessin correct ; enfin on ne voit rien de médiocre dans ce Peintre, dont les Ouvrages tiennent un premier rang dans les Cabinets.

PAUL POTTER.

53. Une prairie. A droite & sur le devant l'on voit trois bœufs, dont un qui paroît se frotter contre un tronc d'arbre. Sur le second plan sont quelques moutons, & le fond se termine par un hameau sur un beau ciel ; une composition simple & vraie, une imitation juste de la nature ont mis ce tableau au-dessus de tous nos éloges ; & nous rappellerons seulement avec quels transports il a été vu du Public dans les différentes ventes qui en ont été faites ; il vient des cabinets 1°. de M. de Julienne n°. 181 & a été vendu 4911 liv. 2°. De M. de Choiseul n°. 72 & vendu 8001 liv.

E

3°. De Mgr. le Prince de Conty n°. 371 vendu 9530 liv. 4°. A la seconde vente n°. 133 vendu 6000 liv. 2 f. 5°. A celle de M. de Pange, n°. 212, vendu 7311 l. Hauteur 31 pouces, largeur 45 pouces T.

P A U L P O T T E R,

Né à Encuysen en 1625, mort à Amsterdam
en 1654.

Né d'un sang noble, Potter se livra à la peinture par goût, & n'eut d'autre Maître que son pere, qu'il surpassa dès qu'il eut appris les premiers principes de son art. A quinze ans, il fut un Maître habile.

Ce Peintre a fait plusieurs grands tableaux ; mais il s'est montré supérieur dans les petits. Il dessinoit les figures, les chevaux & les autres animaux dans la plus grande perfection. Ses tableaux ont le *flou* & la couleur de Wouvermans ou de Karel du Jardin. sa touche est fine & moëlleuse, & ses fonds sont agréables & piquans par l'intelligence du clair-obscur.

G U I L L A U M E K A L F.

54. Une chambre de paysans dans laquelle on voit différentes légumes & ustensiles de cuisine ; à droite une femme est vue par une porte, & à côté une poule est perchée sur une haie faite de planches.

Dans le fond une femme & un homme se chauffent à une cheminée. Ce tableau est connu pour un des plus beaux de ce Peintre. Il réunit une touche spirituelle à une harmonie séduifante. Il vient des cabinets de Boucher n°. 21 & de M. Trouard n°. 122, & a été vendu 700 liv. Hauteur 14 pouces 9 lig. largeur 19 pouces. B. Et fait pendant au Bourdon n°. 82 du préfent catalogue.

GUILLAUME KALF,

Né à Amfterdam vers l'an 1630, mort le 30 Juin 1693.

Il paffa fes premieres années dans l'école d'Henry Pot, Peintre d'hiftoire & de portraits. Il quitta bientôt ce Maître & fon genre pour peindre des fruits, des légumes & des vafes. Ces fortes de tableaux ne font intéreffans qu'autant que la nature y eft rendue avec goût & avec vérité. C'eft le mérite de ceux de Kalf. Il y plaçoit fouvent quelques figures pleines d'efprit, qui prêtoient un nouveau charme à fes productions.

LOUIS BAKHUYSEN.

55. Une mer agitée par un grain de vent. Sur le bord des attérages à gauche, & fur le devant, l'on voit un arbre élevé battu

par le vent, près duquel font un homme ;
une femme & un enfant qui femblent attendre l'arrivée d'un yatcht l'on diftingue encore fur différens plans quatre autres bâtimens.
A droite & fur le devant l'on remarque
le bout d'une jettée au-deffus de laquelle
& de l'autre côté de l'eau, l'on diftingue
des maifons & des grouppes d'arbres.
Tout le monde fait que perfonne n'a peint
la mer agitée avec plus de vérité que cet
habile Peintre. Nous pouvons affurer aux
amateurs que ce tableau eft un des plus
capitaux & des plus précieux que l'on
puiffe trouver pour la fineffe de la couleur & la légereté du pinceau. Hauteur 16 pouces, largeur 24 pouces T.

LOUIS BACKHUISEN.

*Né à Embden en 1631, mort le 7 Novembre
1709 à Amfterdam.*

Fils d'un Secretaire des Etats, Backhuifen tint la
plume fous fon pere jufqu'à l'âge de dix-huit ans ;
il vint alors à Amfterdam où fa belle écriture le fit
entrer chez un fameux Négociant. A dix-neuf ans,
fans avoir reçu aucun principe, il effaya de deffi-
ner des vaiffeaux qu'il voyoit dans le port, & y
réuffit au point de vendre fes deffins jufqu'à cent flo-

rins la piéce. On lui conseilla d'apprendre à peindre, & Everdingen lui mit la palette à la main. Jaloux de se faire un nom dans le genre qu'il avoit adopté, Backuysen, exposa plus d'une fois sa vie pour jouir des effets que produit la mer en courroux. Au milieu d'une tempête & sur une frêle barque, attentif & de sang froid, il faisoit des esquisses. Observant le choc & les débris des vaisseaux qui échouoient contre un rocher, le travail & le trouble des matelots épouvantés, prêt cent fois à être enveloppé dans leur malheur, lui seul étoit au-dessus de la crainte. A peine débarqué il couroit à son atelier, & exprimoit sur la toile ces scènes effrayantes. L'exemple d'une pareille fermeté & d'un même amour pour son Art, s'est renouvellé dans la personne d'un rival que notre siecle peut lui opposer.

On croit voir la nature dans tous les tableaux de Backuysen; ses tempêtes sont peintes avec vérité & énergie, ses ciels sont légers & variés à l'infini.

VILLEM VAN DEN VELDE.

56. Une mer calme. La droite du tableau est occupée en partie par des côtes; en devant & sur le galet; l'on voit deux figures; plus loin sur trois barques, l'on compte sept autres personnages. La gauche est occupée par un vaisseau de guerre qui salue d'un coup de canon & onze autres bâtimens de différentes respece. La com-

E iij

pofition de ce tableau lui donne une ri-
cheffe & une variété rares. On peut le
regarder comme un des plus fins & du
ton le plus argentin que l'on connoiffe
de ce Maître. Hauteur 13 pouces , largeur 16 pouces. B.

VILLEM VAN DEN VELDE,

*Né à Amfterdam en 1633 , mort à Londres
en 1707.*

Jamais Peintre n'a fu rendre avec autant de vérité la tranquillité , les transparens , les réflets de
l'onde , ainfi que fes fureurs. Il avoit le talent de
faire fentir jufqu'à la légèreté de l'air & des vapeurs.
Il peignoit mal la figure ; auffi celles que l'on voit
dans la plupart de fes tableaux y étoient-elles mifes
par Adrien fon frere.

HENRI DE VOES.

57 L'intérieur d'une chambre dans laquelle
on voit un homme affis , le bras droit
appuyé fur une table couverte d'un tapis
de Turquie, fur laquelle font des livres ,
une fphère, une écritoire & une carte géo-
graphique. Il eft vêtu d'un jufte au-corps
noir , à manches crevées ; portant les cheveux plats, la tête couverte d'une toque

noire ; la jambe gauche élevée sur un petit
escabeau, & des pantoufles aux pieds.
L'on ne peut rien desirer à ce précieux
Tableau, où l'art a réuni toutes les beautés de la nature. Hauteur 14 pouc. 6 lig.
largeur 11 pouc. 6 lig. B.

PAR LE MÊME.

58 Le Portrait de Pinaker. Ce Peintre est
représenté debout, tenant sa palette, &
appuyé sur une balustrade couverte d'un
tapis. Il est coeffé d'un bonnet fourré &
couvert d'une draperie violette, devant lui
est son chevalet. Le fond offre des colonnes & un jardin. Ce superbe Tableau
est aussi bien peint que les meilleurs Ouvrages de G. Dow & de Mieris. Il vient
de la Collection de M. de Boisset, n°. 130,
& a été vendu à celle de M. Tronchin,
1150 liv. Haut. 10 p larg. 8 p.

P. S. Nous n'avons rien de connu sur la Vie
& les Ouvrages de cet habile Peintre.

ANT. FR. VANDER MEULEN.

59 Un Tableau capital & des plus intéressans de ce Maître, il représente sur le de-

vant un grand chemin bordé d'arbres &
de montagnes, où l'on voit un coche
attelé de quatre chevaux blancs, arrêté
& pillé par des voleurs. A la tête des
chevaux est un de ces brigands couvert
d'un manteau rouge, & monté fur un cheval gris pommelé. Une femme descendue
du coche, & deux hommes à genoux,
semblent demander grâce. Sur le second
& le troisiéme plans, on remarque encore
deux autres coches attelés, arrêtés & pour-
suivis. On compte dans ce Tableau 45
figures & 15 chevaux grouppés & distri-
bués avec un effet & une intelligence qui
nous le font regarder comme une des plus
belles productions de ce Maître. Haut. 31
pouc. larg. 44 pouc. T.

PAR LE MÊME.

60 Deux Tableaux de forme ovale, repré-
sentans des marches de Cavaliers. Ces deux
charmans Tableaux sont tout ce que l'on
peut voir de plus beau ; ils réunissent à
un dessin fin & correct, une couleur brillante & harmonieuse ; & une composition
ingénieuse & vraie ne laisse rien à desirer.

Ils font de forme ovale en travers, & portent 7 pouces de hauteur, fur 10 pouces de largeur. C.

Art. Fr. Vander Meulen.
Né à Bruxelles en 1634.

Les parens de Vander Meulen le confierent à Pierre Snayers, Peintre de Batailles eftimé; il eut bientôt égalé fon Maître; & c'eft à quelques-uns de fes Tableaux apportés en France qu'il dût fa fortune. M. Colbert, après les avoir vus, charmé de rencontrer un Artifte capable de tranfmettre à la poftérité les hauts faits de Louis XIV, lui fit des offres qui le déterminerent à quitter la Ville de Bruxelles, où il étoit alors. A fon arrivée en France, on lui donna un logement aux Gobelins, & une penfion de 2000 l. Il eut, peu de tems après, l'honneur d'accompagner le Roi dans toutes fes campagnes, & de peindre fous fes yeux les batailles que livra ce Monarque, les fiéges qu'il fit, & généralement toutes fes expéditions militaires. Vander Meulen avoit gagné l'amitié de Charles le Brun; celui-ci, pour la lui témoigner, lui donna fa niece en mariage.

Les Payfages, les lointains, les ciels de Vander Meulen, font d'une couleur claire & fuave; & quoique fes figures foient habillées à la mode du tems, il les a fi bien difpofées, qu'elles font toujours un grand effet,

Jacques Ruisdael.
61 Un fuperbe Payfage offrant une étendue

de pays immenfe. La droite eft occupée
par une grande riviere, où l'on voit trois
jeunes gens qui fe baignent. Plus loin eft
un vieux pont fur lequel paffent trois
différens perfonnages, & au bout une
vieille porte de Ville ruinée; derriere,
fur des montagnes, & fur différens plans
élevés, l'on voit encore un moulin, une
ville & deux villages féparés par des maffes
d'arbres & des montagnes. La gauche du
Tableau offre des fabriques ruinées, près
defquelles paffe un Cavalier monté fur un
cheval bai, & vêtu d'un manteau rouge,
à qui un pauvre demande l'aumône: plus
loin fevoit une femme tenant un enfant, &
accompagnée d'un chien. Toutes ces Figures peintes par Philippe Vouwermans,
avec le plus grand foin, concourent à rendre ce Tableau le plus capital & le plus
beau de ces deux Maîtres; tous les différens points de l'art y font portés à un
degré inimitable. Haut. 30 pouc. larg. 30
pouc. 6 lig. T.

PAR LE MÊME.

62 L'entrée d'une forêt, fur le devant de

laquelle on voit une chûte d'eau qui forme un large ruisseau : sur la droite , deux arbres dégarnis de leurs feuilles, dont un renversé croise ce ravin. L'on apperçoit dans l'éloignement plusieurs personnes qui font du feu. Ce Tableau, d'une composition riche & d'une touche vigoureuse, est aussi du plus beau faire ; il vient de la vente de M. de Boisset ; n°. 127, & a été vendu 899 liv. 19 f. ; & de celle de M. Trouard, n . 130, vendu 1200 liv. 6 f. Haut. 23 pouc. larg. 26. pouc. T.

Jacques Ruisdael.

Né à Harlem en 1635, mort en 1681.

L'étroite amitié qu'il avoit contractée avec Berchem son compatriote , qu'il alla chercher à Amsterdam , donne lieu de croire que ce Peintre l'éclaira de ses lumieres, & contribua aux progrès qu'il fit dans la Peinture. On reconnoît dans ses Ouvrages la touche & la couleur de son guide. Comme il ne peignoit pas bien la figure, il se servoit de la main de Wouwermans, de Vendenvelde , &c. Dans son Paysage & ses marines , il savoit imiter la nature & ajouter à la vérité un grand éclat par des oppositions de lumieres bien contrastées : sa couleur est chaude & dorée ; son pinceau est fin & décidé. Il représente bien & termine de même le feuillé des arbres.

J E A N S T É E N.

63. Une Maison hollandoise environnée d'arbres , devant laquelle trois hommes qu'un enfant regarde , jouent aux quilles ; deux autres hommes & une femme assis sur l'herbe boivent & fument ; on voit encore un homme & une femme dans un endroit séparé par une palissade à laquelle un cheval est attaché. La composition & la touche fine & précieuse de ce tableau , l'ont toujours fait distinguer dans tous les cabinets où il a passé. Il vient de celui de M. de Boisset n°. 128 , où il a été vendu 1600 l. & de M. Poullain n°. 77 de notre catalogue, où il a été vendu 2600 l. Il est gravé par de Ghendt, dans l'œuvre des Maîtres Flamands & Hollandois que nous faisons. Hauteur 12 pouces, largeur 10 pouces. B.

J E A N S T É E N.

Né à Leyden en 1636 , mort en 1689.

Jean Stéen étudia successivement chez Knuffer, peintre à Utrecht , chez Brawer & chez Van-Goyen. Jean Stéen , quoiqu'avec un talent déjà assez connu par des tableaux estimés , se fit Brasseur à Delft.

Dans ce nouvel état, il trouva le moyen de se ruiner en un an, en menant la vie la plus crapuleuse. De Brasseur il se fit Cabaretier, c'étoit lui qui buvoit le plus de son vin ; quand sa cave étoit vuide, il ôtoit l'enseigne, se renfermoit chez lui, & du prix de quelques Tableaux qu'il faisoit, il achetoit du vin qu'il buvoit encore.

Peu de Peintres ont mieux caractérisé leurs productions & donné plus de vie à leurs figures. Son dessin est correct & sa couleur est bonne. En général, ses productions sont marquées au coin d'un pinceau facile & d'une touche pleine d'expression.

JEAN VAN DER HEYDEN.

64. Ce tableau représente la vue intérieure de la ville de *Cologne*. La grande place des deux côtés, est ornée de bâtimens publics & de diverses personnes au nombre de trente, dont les unes se promenent & les autres s'entretiennent ensemble ; l'on y voit encore des Religieux, un paysan à cheval ; & plus loin, une église & quelques maisons. Ce superbe tableau qui est d'un fini extraordinaire, rempli de beaux effets du soleil, est un des plus précieux de ce grand Maître. Il vient du cabinet de Pierre Loquet d'Amsterdam

n°. 133. Hauteur 15 pouces 6 lignes, largeur 20 pouces B.

JEAN VANDER HEYDEN,

Né en 1637 à Gorkum, mort le 28 Septembre 1712.

Vander Heyden n'eut pour Maître qu'un Peintre sur verre peu ou point connu ; mais il avoit tant de dispositions pour la peinture, qu'il parvint seul, & n'ayant que la nature pour guide, à un très haut degré de perfection. Personne n'a peint avec plus d'exactitude ; il la poussoit jusqu'à diminuer les briques des murailles, suivant les regles de la perspective. L'intelligence de la couleur & du clair-obscur est marquée dans tout ce qu'il a peint. Ses tableaux sont ornées de figures ajoutées par Adrien vanden Velde, Linghelbac & autres Maîtres.

ADRIEN VANDEN VELD 1664.

65. Un paysage coupé par une grande riviere dont la droite offre un terrein élevé occupé par des bœufs, des chevaux & des moutons auprès desquels on voit une chaumiere de paysans. La gauche présente des maisons & des arbres qui se réfléchissent dans l'eau ; le devant est orné de plusieurs vaches dont l'une boit, & de plusieurs chevres & moutons ; on y

remarque aussi deux pâtres, dont l'un pêche à la ligne. Ce tableau le plus capital connu maintenant en Europe, a été peint en 1664, huit années avant la mort de l'artiste, & dans le moment de sa plus grande force. La perfection qui le distingue & sa célébrité le mettent au-dessus de nos éloges. Il vient du cabinet de Heer Lubbeling d'Amsterdam, & de celui de M. Randon de Boisset n°. 136 du catalogue de ce dernier, à la vente duquel il a été acheté 20000 liv. Hauteur 18 pouc. 6 lignes, largeur 26 pouces 6 lignes. T.

ADRIEN VAN DEN VELDE,
ET GUILLAUME VAN DEN VELDE.

66. La vue de Schveling prise du côté des dunes. En devant & sur le galet, l'on voit le carrosse du Prince d'Orange, attelé de six chevaux, précédé d'un coureur & de quelques autres gens de sa suite; on remarque plusieurs personnages placés sur differens plans. Les figures sont d'Adrien van den Velde. Le ciel, les dunes & les terreins sont de Guil. van den Velde. Ce précieux tableau a été

longtems marqué d'un ciel repeint fort
mal à propos , fous lequel on en a trouvé
un très bien confervé. Il vient de la vente
de Mgr. le Prince de Conty n°. 413,
où il a été vendu 5072 liv. & de celle de
M. Trouard n°. 114 , vendu 3800 l.
Hauteur 13 pouces 6 lignes fur 18 pouc.
B.

A D R I E N V A N D E N V E L D E.

67. La vue d'un canal glacé , fur le devant
duquel on compte treize perfonnages ,
dont plufieurs qui patinent, tandis que d'autres jouent au mail. Plus loin eft un pont
de bois qui traverfe le canal , & fur lequel paffent un cavalier & un homme à
pied. L'on appercoit encore quelques figures par - deffous le pont ; le canal eft bordé de chaque côté de maifons
couvertes de neige , devant lefquelles &
fur la gauche on voit cinq arbres & un
colombier. Il eft inutile de rappeller
combien les ouvrages de ce Maître font
rares & précieux. Nous dirons feulement
que celui-ci peut fe foutenir à côté des
précédens. Hauteur 8 pouces, largeur

10 pouces. Il peut servir de pendant au Karel du Jardin n°. 73 de ce catalogue. T.

ADRIEN VANDEN VELDE.

Né à Amsterdam en 1639, mort le 11 Septembre 1672.

Le pere de cet Artiste s'étant apperçu de son goût pour le deſſin, le fit étudier pendant quelques années chez Winants. Ce fut là qu'il s'occupa à peindre d'après nature les animaux & le payſage; ce qui ne l'empîcha pas de faire une étude particuliere de la figure, qu'il deſſinoit & peignoit ſi bien, qu'il fut choiſi par les plus célebres payſagiſtes de ſon tems, pour en orner leurs tableaux. On remarque dans ceux de van den Velde, des ciels qui brillent à travers les arbres; il y regne un *flou* & une chaleur rare, & les animaux ſont rendus avec vérité.

GASPARD NETSCHER.

68 L'intérieur d'une chambre où l'on voit *4600* une femme aſſiſe & vêtue d'un déshabillé de velours ceriſe bordé d'hermine; elle eſt coeffée en cheveux bouclés & vue de profil. En mettant des citrons dans ſon tablier, elle laiſſe voir une juppe de ſatin blanc galonnée en argent. Derriere elle eſt une table couverte d'un tapis verd ſur lequel on re-

F

marque un chandellier & un miroir. Une
vieille femme debout tenant un panier de
jonc, rempli de citrons, semble en choisir
un pour le lui présenter ; celle-ci a la tête
enveloppée d'une coeffe & le col garni
d'un fichu blanc : son habillement est composé d'un casaquin gris, d'un tablier bleu,
& d'une juppe verte. Les compositions de
figures en pied de ce Maître sont fort rares.
Celle-ci est une de ses plus belles : on y
remarque un pinceau moëleux & une couleur fine & harmonieuse. Haut. 13 pouc.
6 lig. larg. 12 pouc. 6 lig. B.

PAR LE MÊME. 1661.

1202.

69 L'intérieur d'une chambre où l'on voit,
devant une cheminée, une femme assise,
donnant à téter à un enfant emmaillotté
qu'elle tient sur ses genoux ; elle a une
juppe rouge galonnée d'argent, & sa tête
est couverte d'une coeffe & d'un fichu de
mousseline ; derriere elle une suivante la
montre du bras droit, & tient de la gauche
la couverture du berceau, qui est faite d'un
tapis de Turquie. L'on voit encore dans
la chambre, un chat, un lit & une ar-

moire Ce Tableau capital eſt d'une grande vigueur & d'une grande fermeté. Hauteur 26 pouc. 6 lignes , largeur 23 pouc. T.

GASPARD NETSCHER.

Né à Prague en 1636, mort à la Haye en 1684.

Netſcher , Eleve de Coſſer , eſt l'un des Peintres Allemands qui ait deſſiné avec le plus de correction , & dont la couleur ſoit la plus vigoureuſe. Il eſt toujours noble dans le choix de ſes Figures , & agréable dans ſa compoſition ; rien n'y eſt négligé , tout y eſt fini avec ſoin & vérité. Ses Tableaux ſont très-rares , parce qu'il s'eſt trop adonné au genre des Portraits.

GÉRARD DE LAYRESSE.

70 L'homme entre le Plaiſir & la Sageſſe. Figures de proportion naturelle & vues à mi-corps : on le voit debout tenant une maſſue ſur l'épaule droite , & vêtu d'une peau. Il ſemble repouſſer du bras gauche le Plaiſir repréſenté par une belle femme blonde , qui le careſſe & lui paſſe la main droite ſous le menton , tandis qu'elle le retient de l'autre main ; detriere elle une vieille duegne fait le geſte du ſilence. Le côté gauche eſt occupé par la Sageſſe , qui

F ij

a le bras droit & la main levée ; elle femble le fubjuguer par fon éloquence ; derriere elle une autre femme tient un flambeau. Le fond eft terminé par des Payfages & un Temple. Ce Tableau , du plus grand ftyle & de la plus belle maniere de ce Maître , eft une de ces productions rares à rencontrer. On y trouve un deffein noble & de grand caractere , des drapperies variées & d'un beau choix , une couleur vraie & de la plus grande harmonie. Haut. 41 pouc. larg. 67 pouc. T.

GÉRARD DE LAYRESSE.

Né à Liége en 1640, mort en 1711.

Eleve de Reynier de Layreffe & de Bartholet, fon ami ; Layreffe quitta Liége pour aller à Utrecht ; mais ne trouvant pas plus de reffources dans cette derniere Ville, il céda aux follicitations & aux promeffes d'Olimbourg, fameux Marchand de Tableaux, qui l'emmena à Amfterdam , à condition qu'il y travailleroit pour lui. Dès le lendemain de leur arrivée, Olimbourg préfenta à Layreffe une toile , des crayons & une palette. L'Artifte refta d'abord immobile & muet devant fon chevalet ; puis il tira de deffous fon manteau un violon dont il joua quelques airs : enfuite faififfant le crayon & les pinceaux , il ébaucha le fujet d'un Enfant Jéfus dans la crèche, reprit le vio lon , en joua de nouveau , reprit fa palette & peignit en deux heures au premier coup , la tête de l'Enfant, de Marie , de faint Joſeph & du Bœuf.

On a donné à Layreſſe le titre de *Pouſſin Hollandois* , parce que , fans deſſiner auſſi correctement que le Peintre François , fon génie & fa maniere de com_poſer en tenoient beaucoup. Il eſt ſavant , ingénieux & clair dans ſes allégories. Il a traité l'Architecture en Maître ; il ne s'eſt jamais écarté de l'Hiſtoire , ni des règles du coſtume. On connoît deux Traités , l'un du deſſin , l'autre de la Peinture , que ſon fils a compoſés en recueillant les idées de Layreſſe , lorſqu'étant aveugle il n'avoit plus que le plaiſir de parler d'un Art qu'il adoroit.

KAREL DUJARDIN.

71 Un Tableau capital repréſentant entre autres voyageurs, un homme monté ſur un âne, une femme les jambes nues, deux mulets chargés ; des vaches & autres animaux, traverſent une piece d'eau, au bas d'un vallon bordé de rochers, ſur leſquels on remarque des édifices ruinés. On admirera dans ce Tableau la richeſſe de la compoſition, la vérité de la couleur, & la fineſſe de la touche. Haut. 22 pouces, larg. 27 pouc. T.

PAR LE MÊME.

72 Une belle Prairie ; on y remarque une

monticule ceinte de plufieurs arbres touffus. Sur le premier plan eft une vache
paiffant, vue par derriere un peu en rac-
courci, & en ourée de quatre moutons &
de quelques poules en différentes pofitions.
A droite & fur le fecond plan eft un veau
accroupi & ruminant. Plus loin s'offrent
deux jolis chevaux qui fe careffent. Un
Pâtre eft affis fous les arbres, ayant fon
chien auprès de lui. Le foleil éclaire cette
compofition, & donne au tableau des
maffes de demi teinte & de lumiere d'un
effet auffi piquant & auffi varié que la nature même. Il a été peint dans le meilleur tems de cet habile artifte. Il vient de
la collection de M. Randon de Boiffet,
n°. 149, de fon catalogue. Haut. 18 pouces 6 lignes, larg. 17 pouc. T. Il a été
vendu 5500 liv.

P A R L E M Ê M E.

73 Une pleine campagne offrant une im-
mense étendue de pays ; en avant & fur
le premier plan l'on voit un homme &
un enfant qui paffent un ruiffeau à gué,
précédés d'un âne & d'un chien. La gauche

présente un terrein élevé où sont des fabriques & une pelouse que traversent deux
hommes & un âne. A droite & dans le
bas on remarque un Pâtre conduisant quatre
vaches & deux moutons ; les autres plans
sont occupés par de hautes montagnes.
Ce Tableau clair & brillant, comme un
beau jour, est d'une finesse & d'une vérité
incomparables. Il a été peint dans le meilleur tems de cet habile artiste. Hauteur
8 pouc. larg. 10 pouc. 5 lign. B. Il faisoit pendant au n°. 67 Tableau peint par
Adrien Vanden Velde.

KAREL DUJARDIN.

*Né à Amsterdam en 1640, mort à Venise le 20
Novembre 1678.*

C'est le meilleur Eleve qu'ait fait Berchem. Du-
jardin alla de bonne heure en Italie : il joignit à la
touche & à la couleur de son Maître une certaine
fermeté qui distingue les Peintres Italiens. Les Mar-
chés, les Charlatans, les Bandits qui détroussent les
passans, tels sont les sujets qu'il s'est plu à répéter.
Le clair obscur est la partie supérieure de cet Artiste.

GODEFROY SCKALKEN.

74 Deux figures vues en buste, de propor- *1360*
tion naturelle. On voit un jeune homme

tenant de la main droite une ſpatule, &
de la gauche une chandelle, il ſemble ſe
diſpoſer à manger : ſon air eſt riant, &
il eſt vêtu à l'Eſpagnole ; derriere lui &
en demi - teinte, eſt une jeune fille qui
allonge le doigt, & ſemble montrer qu'il
va ſe brûler. Ce Tableau doit doit être
regardé comme un de ſes plus beaux. Il
fait partie de l'œuvre des Maîtres Hollandois & Flamands que nous faiſons graver.
Hauteur 28 pouc. larg. 22 pouc. T.

PAR LE MÊME.

75 Un Vieillard vu à mi corps, vêtu d'une
robe-de-chambre garnie d'hermine, & la
tête couverte d'une toque. Il eſt appuyé
ſur un ſecrétaire, & lit une lettre qui porte
ſur ſon viſage le reflet du jour qui entre
par une croiſée ouverte derriere lui. Ce
Tableau, l'un des plus fins de ce Maître,
vient de la vente de M. de Boiſſet, &
faiſoit partie du n°. 131, qui a été vendu
1705 liv. Hauteur 5 pouces, larg. 4 pouc.
B. de forme ovale, & ſert de pendant au
n°. 42, par Gerard Dow.

GODEFROY SCKALKEN.

Né à Dort en 1643, mort à Leyden en 1706.

Van Hoog Straten fut le premier Maître de Sckalken, & Gérard Dow acheva de le perfectionner. Il imita quelque temps la maniere de Rembrandt ; ensuite il crut pouvoir, dans les grands effets de lumiere, surpasser cet hardi & inimitable coloriste ; il peignit des sujets éclairés par les rayons vifs & tranchans d'un flambeau ou du Soleil : ce fut sa maniere favorite ; il l'apportoit jusques dans ses portraits. Malgré un grand nombre de défauts qu'on lui reproche, on ne peut lui refuser un mérite réel.

PIERRE DE HOOGE.

76 L'intérieur d'une chambre où l'on voit *2600* à gauche une femme tenant un enfant sur ses genoux, & assise auprès d'un berceau & d'une armoire. La droite est occupée par une petite fille qui lui apporte un chien qu'elle tient dans ses bras. Derriere elle, la porte de la chambre est ouverte, & laisse appercevoir une autre piece dans laquelle on remarque un Tableau accroché sur le mur, & en face une croisée par laquelle le soleil entre, & réfléchit sa lumiere sur différents objets. Ce Maître, peu connu en France, est un des Peintres qui a le

mieux connu la magie des effets du soleil
& des reflets. Son coloris est vigoureux,
ses tons sont vrais, & sans être d'une ex-
trême finesse, sa touche est libre & facile.
Ses Tableaux sont fort estimés en Hollande,
& c'est ce qui fait que l'on trouve peu d'oc-
casions d'en apporter ici. Haut. 22 pouc.
2 lign. larg. 16 pouc. B.

PIERRE DE HOOGE.

Né vers l'an 1643.

On conjecture, par sa maniere de peindre, qu'il
fut un des meilleurs Eleves de Nicolas Berchem, &
ses ouvrages font croire qu'il se plût à imiter Mieris,
Metsu & Stingelandt ; ses têtes & ses mains ont
quelquefois la force de celles de Van Dick, sa touche est plus large que celle de Mieris & Metsu sans
en avoir le précieux fini, son dessin est correct, sa
couleur est naturelle & vigoureuse ; tout le faire de
ses Tableaux est d'une grande facilité ; il a sur-tout
rendu les effets du Soleil avec un art étonnant.

ADRIEN VAN DER WERF.

77. Loth & ses filles vus dans une grotte;
l'une est négligemment couchée, la lumiere éclaire la plus belle partie de son
corps qui est nue, le haut de la figure
est en demi teinte; Loth vu de profil

sur le devant du tableau , lui fait oppofi-
tion; il tient fur fes genoux une coupe
d'or , au-deſſus de laquelle fon autre fille
qui eſt appuyée fur un rocher à la gauche de fa fœur , étend le bras pour pref-
fer une grappe de raifin. On voit près
d'elle un vafe d'or & quelques fruits fur
une pierre , qui enrichiſſent la compofition
de ce tableau , dont la couleur & le fini
prouvent qu'il eſt du meilleur tems de
ce Maître. Hauteur 16 pouces , largeur
13 pouces. B. Nous prions Meſſieurs les
amateurs de ne pas confondre ce tableau-
ci avec celui qui a paſſé dans les ventes
de M. le Duc de Choifeul nᵒ. 80 , &
dans celle de Mˢʳ. le Prince de Conty nᵒ.
469 & vendu 5260 l.

ADRIEN VAN DER WERF, dit le
CHEVALIER VAN DER WERF.

*Né à Roterdam en 1659 , mort en cette même
ville en 1727.*

Quoique Vander-Néer fût un excellent Peintre ,
fon difciple le furpaſſa bientôt. L'Electeur Palatin s'attacha Vanderwerf , le créa Chevalier , & lui pro-
mit d'ajouter à fes armes une partie des armes élec-
torales. Ce Peintre eſt un de ces artiſtes d'un mérite

éminent, rare & presque unique. Il est inimitable dans le beau fini & dans la fonte admirable de couleurs qu'il a su répandre dans ses chairs & ses draperies.

CONSTANTIN NETSCHER.

78. Venus pleurant la mort d'Adonis métamorphosé en Anémone après avoir été tué par un sanglier que l'on apperçoit dans le fond du tableau ; on la voit à mi-corps & à demi-panchée, les mains jointes & le regard élevé, elle est vétue d'une draperie ondoyante qui voltige, & d'une jupe de satin bleu. L'on remarque dans ce tableau une belle expression & une couleur moëlleuse & nourrie. Il est rare d'en rencontrer d'aussi fins & d'aussi capitaux de ce Maître. Hauteur 14 pouces 6 lignes, largeur 11 pouces. T.

CONSTANTIN NETSCHER.

Né en 1670, mort à la Haye en 1722.

Il ne put recevoir que quelques leçons de son pere; mais il en copia les plus beaux portraits : il possédoit l'heureux don de flatter tous les siens sans leur ôter la ressemblance. Il fit pour le Baron de Suasso un tableau dans lequel il représenta toute sa famille & où van der Does peignit un chien. Ce tableau lui fit le plus grand honneur. Il devint directeur de l'école académique.

JEAN VAN HUYSUM.

79 Deux Tableaux faisant pendans ; l'un représente différens fruits, comme des raisins, des pêches, des abricots, un melon, une grenade, grouppés avec des fleurs dans un vafe, orné de bas-reliefs d'enfans ; près du pied & fur une table de marbre, un nid dans lequel on voit trois œufs ; des mouches & autres infectes enrichissent ces Tableaux ; ils font peints fur des fonds clairs, tels que les Amateurs les recherchent. Ils font regardés comme les deux plus beaux qui foient fortis du pinceau de ce Maître, & l'on ne peut qu'admirer la fraîcheur qui y regne, la finesse & la touche qui les distinguent. Ils viennent de la vente de M. de Boisset, N°. 159, où il a été vendu 16019 liv. 4 f. & de celle de M. le Bœuf, N°. 60 de notre Catalogue, & vendu 17900. Hauteur 29 pouces, largeur 22. B.

JEAN VAN HUYSUM.

Né à Amsterdam le 5 Avril 1682, mort le 8 Février 1749.

On ne portera gueres le genre que van Huyfum

avoit adopté à un auſſi haut degré de perfection, qu'il l'a porté. Tout dans ſes Tableaux eſt marqué au coin de la préciſion & de la chaleur. On n'y voit ni ſéchereſſe ni négligence. Le duvet, la fraîcheur, l'éclat des fleurs, y ſont rendus avec la derniere vérité; lorſqu'il les a placées dans des vaſes, c'eſt toujours avec goût & avec adreſſe. Lorſqu'il a peint des nids d'oiſeaux, leurs œuſs, leurs plumes, les inſectes, les gouttes d'eau, c'étoit à tromper l'œil & la main.

ERNEST DIETRICHY.

80 Un Payſage éclairé par un ſoleil couchant; ſur le devant l'on voit deux payſans ſuivis d'un âne. La gauche eſt occupée par des maſſes de rochers couverts de verdure, où l'on remarque un Pâtre gardant un troupeau de moutons; dans le bas & ſur le chemin, l'on voit encore deux grands arbres & une figure dans l'éloignement. Le fond eſt terminé par de hautes montagnes. Hauteur 8 pouces, largeur 11 pouces. B. Ce Tableau d'une touche & d'un effet ſéduiſants eſt du beau faire de ce Maître.

Cet Artiſte eſt mort depuis peu à Dreſde ſa patrie, après avoir beaucoup travaillé dans tous les genres, & imité tous les Maîtres.

J. VAN OS.

81 Une Table couverte de fruits, de fleurs, 2380
& de vases de différens genres ; on y remarque un bocal de verre rempli d'eau,
dans lequel sont des poissons rouges ;
derriere est un plat d'argent sur lequel sont
placés un melon, un annanas, des pêches,
des prunes, &c. La gauche est occupée
par des raisins blancs grouppés avec des
roses tremieres, & une branche de cerisier
sur lequel est un nid ; la droite offre une
branche de rosier & des grappes de raisin
noir ; le fond est terminé par un paysage
aussi harmonieux que bien rendu. La réputation de cet Artiste moderne est très-
connu des Amateurs, qui font à juste titre
le plus grand cas de ses ouvrages. Hauteur
33 pouces, largeur 26 pouces. B.

Cet Artiste est vivant à la Haye.

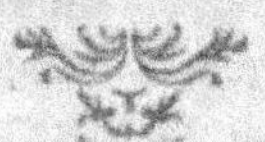

PEINTRES FRANÇOIS.

SÉBASTIEN BOURDON.

82 L'intérieur d'une Chambre, où l'on voit dans le milieu, une famille à table ; à droite est un puits, une fontaine, différens uftenfiles de ménage, & quelques légumes. Ce morceau est d'une grande finefle de couleur, & a quelque rapport, quant aux acceffoires, avec le Tableau de Kalf, n°. 54, auquel il a toujours servi de pendant. Il vient de la Vente de M. Trouard, n°. 13 de fon Catalogue, & il a été vendu 840 liv. Haut. 14 pouc. 9 lig. larg. 19 pouc. B.

SÉBASTIEN BOURDON.

Né à Montpellier en 1616, mort à Paris en 1671.

Eleve de fon pere, Peintre fur verre. Le Bourdon fit le voyage d'Italie à dix-huit ans. Il y connut Claude le Lorrain, dont il copia de mémoire un Tableau ; il contrefit de même Andrea Sacchy, fit des Corps-de-garde comme Michel-Ange de Caravage, & peignit de petites Figures comme Bamboche. Il ne refta en Italie que trois ans, & revint en France, d'où

H

il paſſa en Suede en qualité de premier Peintre de la Reine Chriſtine : il revit ſa Patrie après l'abdication de cette Princeſſe, & ce fut dans ce tems qu'il entreprit la belle galerie de l'Hôtel de Bretonvilliers. Ce Peintre fut un des douze anciens qui commencerent en 1648, l'établiſſement de l'Académie Royale de Peinture. Bourdon avoit un génie des plus féconds, du feu, de la facilité, un pinceau libre. Grand coloriſte, il étoit peu correct dans les extrémités de ſes Figures. Bourdon peignoit l'Hiſtoire, le Portrait, le Payſage. Il aimoit les Bambochades, les Paſtorales, les Corps-de-garde, les grands ſujets de l'Hiſtoire ſainte, qu'il ornoit d'une grande quantité de Figures & animaux.

M. VERNET.

83 Huit Tableaux venant de la décoration d'une Galerie, ou propres à l'embelliſſement de deux Sallons. Tout le monde connoît la réputation de ce grand Peintre, & la vue de ſes huit Tableaux, ſurpaſſera l'attente & les éloges que l'on ne peut faire que foiblement ; & nous nous contenterons de dire que nous les regardons chacun en particulier, comme autant de Chefs d'œuvres qui perpétueront ſa gloire. Ils ſeront vendus par deux ou par quatre, ou tous enſemble, au choix des amateurs. Ils portent chacun de hauteur 108 pouces ;

68000

1 mine

Mr. De la Borde avoit fait faire ces huit Tabl. pr. le ſalon du chateau de la ferté et les apayé a Vernet 80 M/ dans la Vente qu'il a fait de cette terre a Mr. de penthievre il les a except[é] & ont ete Joint a cette Vente /.

sur 74 pouces de large , & sont peints sur toile. Les personnes qui desireroient les voir avant la Vente , voudront bien en prévenir M. le Brun, chez qui ils sont.

Détails des huit Tableaux.

1°. Un Clair de Lune. Il offre sur le devant , quatre Figures éclairées par la lueur d'une lanterne , qu'une Marchande d'eau-de-vie a placée au coin de la boîte à liqueurs , qu'elle porte devant elle , & dont elle verse un verre à un homme , vu par le dos. On distingue encore sur le bout d'une jettée , un grouppe de deux hommes & une femme, Sur le troisiéme plan , à gauche du Tableau, est un bastion & une ancienne porte de Ville , près de laquelle sont quelques Figures & un grand arbre ; plus loin se voyent une grosse tour & forteresse , sur laquelle est placé un fanal. Des montagnes & un beau ciel terminent le fond de ce Tableau, dont on ne sauroit trop admirer la magie des effets.

2°. Un superbe Paysage d'un site montagneux. Il offre une riviere tombant en cascade du haut d'un rocher , dont le sommet est orné de plusieurs édifices, parmi lesquels on distingue le Temple de la Sybile à Tivoli ; au bas est un pont de six arcades très-élevées, à un bout duquel est une grande tour quarrée tenant à une forteresse située aussi sur des rochers où est pratiqué un chemin sur lequel sont plusieurs figures & animaux. Ce Tableau, orné sur le devant de trois beaux arbres ; est enrichi de 14 figures de Pêcheurs, hommes & femmes placés sur differens plans.

3°. Une Tempête. Le devant est occupé par trois hommes qui tirent avec force une corde pour amener à eux une chaloupe brisée, à laquelle se tiennent deux hommes qui cherchent à se sauver du péril qui les menace : un autre échappé à la fureur des eaux, sort de l'eau & s'attache à un rocher. La droite offre d'autres rochers fort élevés, contre lesquels un vaisseau se brise. Au bas sont quantité de matelots & autres personnages occupés à secourir le reste des infortunés voyageurs. Plus loin se voit un autre bâtiment à la voile, dont le péril est presqu'assuré : un ciel en feu ajoute à l'intérêt qu'offre ce spectacle touchant, autant par la compofition que par la beauté de l'exécution.

4°. Un très-beau Tableau dont l'effet eft au foleil couchant ; il offre un port de mer. Sur le premier plan fe voyent, fur une jetrée , plufieurs figures de différens fexes & de diverfes nations , au nombre defquelles plufieurs matelots & autres ouvriers occupés à retirer une grande barique d'une chaloupe ; plus loin, à gauche du Tableau , eft un vaiffeau dont on ne voit qu'une partie, & derriere, une grande tour, au haut de laquelle eft un fanal. Le cinquiéme plan eft occupé par une groffe tour ou forterefle. Ces différens plans font ornés de figures : à droite , on remarque un grand navire à voiles , arrivant au port , & fe détachant vigoureufement fur un ciel chaud. Ce Tableau , d'un fuperbe effet , eft d'une harmonie qui fait la plus grande illufion.

5°. Un autre beau Tableau repréfentant une vue de mer par un tems de brouillard. On diftingue , fur la gettée , au troifiéme plan , une fontaine à quatre faces, termi-

née en obélisque. Le premier & le second
plans sont occupés par plusieurs figures de
Pêcheurs ; & des Matelots travaillant à mettre à flot une chaloupe. Le fond offre un
bastion, au haut duquel est une promenade.
Les lointains sont ornés de différens bâtimens à la voile. Ce Tableau est, ainsi que
le précédent, d'une grande vérité de ton
de couleur.

6°. Un magnifique Tableau, représentant un
coup de vent accompagné de pluie. Le
devant offre, à gauche, un grand Rocher,
au pied duquel sont un Pèlerin & une
femme, tenant dans ses bras un enfant,
& près d'eux un chien : à droite, & sur
un tertre peu élevé, est un arbre agité
& brisé ; au bas est un chemin où se
voyent une femme vêtue de rouge, tirant
par la longe un âne, qui ne veut pas mar-
cher, & sur lequel est un enfant ; une charrette à attelée de deux chevaux, derriere
laquelle un homme marche courbé luttant
contre le vent. Ce Tableau, dont l'effet
est de la plus grande vérité offre un style
noble & riant.

7°. Un superbe Tableau repréſentant un ſoleil couchant. Sur le devant ſont deux hommes & une femme occupés à la pêche. Le ſecond plan, à gauche du Tableau, offre une portion d'Architecture d'ordre Toſcan, près de laquelle eſt un pont de pierre, où paſſent pluſieurs perſonnages & un chameau chargé; plus loin à droite ſe voyent une fabrique, des arbres, une piramide, une porte ou arc de triomphe; les lointains offrent un pont de bois fort long & une ville conſidérable. De hautes montagnes & un ciel brulant terminent le fond de ce Tableau au-deſſus de tous éloges.

8°. Un autre repréſentant un Feu d'Artifice tiré au lever de la Lune; on voit ſur une vaſte jettée, un temple près duquel brûle un brandon produiſant une grande lumiere ſur tous les édifices voiſins, & principalement ſur le temple, devant & aux environs duquel ſont quantité de ſpectateurs. Il eſt rare de voir un pareil effet auſſi-bien rendu, & M. Vernet ſeul pouvoit vaincre cette difficulté dans toute ſa perfection.

M. Casanova.

84 Un beau Payſage, d'un ſite très-étendu. Le premier plan préſente un groupe de quatre Figures, dont une jeune femme & un enfant aſſis ſur un cheval bai clair ; une maſſe de pluſieurs beaux arbres occupe la droite du Tableau : ſur le troiſiéme plan, on voit un âne qui s'enfuit après avoir jetté dans l'eau ſes paniers, ſon bât & l'homme qu'il portoit ; près de lui eſt une femme qui ſemble venir à ſon ſecours. Le lointain offre encore des Pâtres gardant un troupeau, différentes Fabriques & de hautes montagnes. Ce Tableau doit être mis au nombre des belles productions de M. Caſanova, par le ton local & l'harmonie qui y regnent. Haut. 96 pouc. larg. 93. T.

PAR LE MÊME.

85 Un autre, qui ne cede en rien au précédent, par la beauté de l'effet. Il repréſente un ſoleil levant. Sur le premier plan ſe voyent un homme & une femme, l'un à cheval, cauſant avec l'autre, qui a le bras droit poſé ſur le cou d'un âne qu'elle conduit ; ils ſont précédés & ſuivis d'un bœuf & de pluſieurs moutons. La gauche

dù Tableau est ornée de troncs d'arbres garnis de branches feuillées ; & derriere sont des rochers élevés, d'où tombe une nape d'eau : dans l'éloignement est un Pâtre, conduisant des moutons vers une vieille Fabrique ruinée ; des montagnes éclairées par les rayons du soleil, terminent l'horison de ce Tableau, qui fait pendant au précédent, de même grandeur.

FIN.

Lu & approuvé ce 29 Mai 1784.
COCHIN.

De l'Imprimerie de PRAULT, Imprimeur du Roi, Quai des Augustins.

FEUILLE INDICATIVE

Des numéros qui feront vendus dans chaque
Vacation.

PREMIERE VACATION.

Du Mercredi 24 Novembre 1784.

TABLEAU DE L'ÉCOLE D'ITALIE.

Nᵒˢ· 1 Carlin Dolché.
3 Giorgion.
4 Titien de Vécelli.
7 Alexandre Véronefe.
8 Antoine Correge.
11 Guerchin.
12 P. François Mola.
14 Deux B. Etienne Murillo.

ECOLES FLAMANDE, HOLLANDOISE, ET ALLEMANDE.

18 Paul Bril.
21 Corneille Poelemburg.
22 *Idem.* & Bartholomée.
23 *Idem.* Corneille.
24 Jean Breugel.
26 Antoine van Dyck.
28 Rembrandt van Rhyn.

30 *Idem.* & Rubens.

33 David Teniers.

34 *Idem.*

35 *Idem.*

37 Adrien van Oftade.

38 *Idem.*

39 Ifaac van Oftade.

42 Herard Dow.

44 Gabriel Metzu.

45 Jean Winantf & Lingelback.

48 Phylippe Wouvermans.

50 Jean Both.

52 Nicolas Berchem.

53 Paul Potter.

54 Guillaume Kalf,

58 Henri de Voes.

60 A. F. vander Meulen.

61 Jacques Ruyfdael.

63 Jean Stéen.

66 Adrien & Guillaume Vandenvelde.

67 Adrien van den Velde,

68 Gafpard Netfcher,

73 Karele du Jardin,

75 Godefroi Sckalken.

78 Conftantin Netfcher.

80 Erneſte Dietrichy.

82 Sébaſtien Bourdon.

84 M. Cafanova,

DEUXIEME VACATION.

Du Jeudi 25 Novembre 1784.

TABLEAUX DE L'ÉCOLE D'ITALIE.

Nº. 1 Pietre de Cortonne.
5 Jacques Bassans.
6 Deux, Paul Véronese.
9 Louis Carrache.
10 Barthelemi Schidone.
13 B. Etienne Murillo.
15 *Idem.* Saint Joseph.
16 François Solimene.
17 Deux, Pietro Di Petri.

ECOLES FLAMANDE, HOLLANDOISE, ET ALLEMANDE.

19 J. Rottenhames.
20 P. Paul Rubens.
25 Jacques Jordaens.
27 Albert Cuyp.
29 Rimbrandt van Rhyn.
31 David Teniers.
32 *Idem.*
36 Adrien van Ostade.
40 B. vander Helst.
41 Gérard Dow.
43 Gabriel Metzu.

46 Jean Winants & Adrien vanden Velde.
47 Philippe Wouvermans.
49 Bartholomée Bréenberg.
51 Jean-Baptifte Weninx.
55 Louis Bakhuyfen.
56 Villem vanden Velde.
57 Anry de Voes.
59 A. F. vander Meulen.
62 Jacques Ruyfdaal.
64 Jean vander Heyden.
65 Adrien vanden Velde.
69 Gafpard Netfcher.
70 Gérard de Layreffe.
71 Karele du Jardin.
72 Idem.
74 Godefroy Sckalken.
76 Pierre de Hooge.
77 Adrein vander Werf.
79 Jean van Huyfum.
81 Jean van Of.
83 M. Vernet, huit Tableaux.

FIN.

LISTE
DES CATALOGUES
*Hue J. B. P. Le Brun a faits
pour différentes Ventes.*

Nº. 1ᵉʳ. CATAOGUE des tableaux, deſſins, eſtampes, bronzes, terres cuites, marbres, porcelaines, meubles de *Boule*, & autres curioſités qui compoſent le fonds de feu *P. le Brun*; le 18 Novembre 1771.

2. Catalogue de tableaux des trois Écoles; le 10 Janvier 1772.

3. Catalogue d'une belle collection de tableaux de Maîtres renommés de différentes Écoles; le 22 Septembre 1774.

A

4. Catalogue des tableaux originaux;
des bons Maîtres des trois Écoles;
figures, buſtes de marbre, bronzes,
porcelaines & autres objets curieux,
qui compoſent le cabinet de *M. le
Comte du Barry*; le 21 Novembre
1774, par *P. Remy* & *le Brun.*

5. Catalogue de tableaux, des Écoles
Flamande & Hollandoiſe; le 12 Février 1775.

6. Catalogue d'une belle collection
de tableaux originaux, |de bons
Maîtres des trois Ecoles; figures,
buſtes de marbre & de bronze,
anciennes porcelaines de la Chine
& du Japon; Laques, pierres gravées
& autres antiquités; médailles, eſtampes & autres objets curieux, qui
compoſent le cabinet de feu *M. le*

Duc de Saint-Aignan ; le 17 Juillet
17.

7   Catalogue de tableaux , des trois
Ecoles ; deſſins , terres cuites ,
bronzes , marbres , meubles de
Boule , porcelaines, & autres objets
de curioſité ; le 19 Janvier 1778.

8   Catalogue de tableaux des Ecoles
Hollandoiſe , Flamande & Françoiſe ;
deſſins de *Fragonard* , *Robert* &
autres ; bronzes , porcelaines ; provenans du cabinet de *M. Gros* ,
Peintre ; le 4 Avril 1778.

9   Catalogue de différens tableaux
originaux , des trois Ecoles ; deſſins ,
eſtampes , marbres , bronzes, terres
cuites , plâtres, uſtenſiles d'attelier
de ſculpture , & autres objets , provenans du cabinet de feu *M. Le
Moine* ; le 10 Août 1778.

A ij

10 Catalogue d'une belle collection de tableaux originaux , des trois Ecoles ; paſtels , gouaches , deſſins , eſtampes , marbres , bronzes , porcelaines , bijoux , meubles & autres objets de curioſité ; provenans du cabinet de feue *Madame* * * * , le 11 Novembre 1778.

11 Catalogue de tableaux originaux , des trois Ecoles ; paſtels , émaux , miniatures , marbres , terres cuites , plombs , ivoires , bronzes , porcelaines , laques , bijoux , meubles de *Boule* , vaſes imitant l'Etruſque ; pierres gravées , antiques & modernes , & autres objets de curioſité ; le 10 Décembre 1778.

12 Catalogue d'une belle collection de tableaux originaux , des trois Ecoles , deſſins , eſtampes , marbres ,

bronzes, porcelaines, bijoux, meubles, & autres objets de curiofité;
provenans du cabinet de feue *Ma-*
dame de Julienne; le 5 Novembre
1778.

13 Catalogue d'une belle collection
de tableaux originaux, des trois
Ecoles; gouaches, marbres, bronzes, porcelaines, camées, pierres
gravées, volumes d'eftampes, &
autres objets de curiofité; provenans du cabinet de *M. T.*; le 12
Janvier 1780.

14 Catalogue raifonné des tableaux,
deffins, eftampes, figures de bronze
&^c de marbre, & morceaux d'hiftoire
naturelle, qui compofoient le cabinet de feu *M. Poulluin*, Receveur
général des domaines du Roi; fuivi
d'un Abrégé hiftorique de la vie des

Peintres dont les Ouvrages formoient cette collection ; 15 Mai 1780.

15 Catalogue d'une belle collection de tableaux, des Ecoles Flamande, Hollandoise & Françoise ; de deſſins choiſis, montés & non montés, des trois Ecoles ; provenans du cabinet de *M* * * * ; le 2 Juin 1780.

16 Catalogue de tableaux, paſtels, gouaches, aquarelles, deſſins d'architecture & autres, ſous verre & en feuilles, volumes d'architecture & autres, terres cuites, marbres, bronzes, petits modeles de monumens, & autres objets de curioſité ; qui compoſoient le cabinet de feu *M. Soufflot*, Architecte ordinaire du Roi, Chevalier de l'Ordre de Saint-Michel, & Intendant général des bâtimens de Sa Majeſté ; le Octobre 1780.

17 Catalogue de tableaux des Ecoles
Flamande & Françoise , paſtels , gouaches , deſſins, eſtampes ſous verre
& en feuilles, terres cuites , &
autres objets de curioſité ; qui compoſoient le cabinet de feu *M. Prault* ,
Imprimeur du Roi.

18 Catalogue d'une belle collection
de tableaux des trois Ecoles , deſſins, eſtampes , miniatures , terres
cuites, bronzes, porcelaines , laques,
bijoux , pierres gravées , & autres
objetsde curioſité ; le 11 Déc. 1780.

19 Catalogue d'une belle collection
de tableaux des trois Ecoles , bronzes , marbres , porcelaines anciennes ,
beaux meubles de *Boule* , feux &
brasde bronze doré ; qui compoſoient
le cabinet de *M. l'Abbé Le Blanc* ,
Hiſtoriographe des bâtimens du Roi;
le 14 Février 1781.

20 Notice des principaux articles de tableaux, deſſins, eſtampes montées & en volume; bronzes, luſtres de criſtal de roche, & autres objets de curioſité; provenans de la ſucceſſion de feu *M. Sirois*, Inſpecteur général des menus - plaiſirs du Roi; le 19 Mars 1781.

21 Notice de tableaux des trois Ecole; beaux meubles de *Boule*, tables de porphyre; bagues de pierres précieuſes, antiques & modernes, & autres objets de curioſité; le 22 Mars 1781.

22 Catalogue d'une belle collection de tableaux des trois Ecoles, deſſins, eſtampes, bronzes, marbres, porcelaines anciennes, meubles & autres objets de curioſité; venant du

cabinet de *M. le Baron de Vanbaal ;*
le 9 Avril 1781.

23 Notice des principaux articles de
tableaux , bronzes , porcelaines ,
inſtrumens de muſique , & autres
objets de curioſité ; provenans de
la ſucceſſion de feu *M. Mutel* ,
Commiſſaire au Châtelet de Paris ;
le 26 Novembre 1781.

24 Notice des principaux articles de
tableaux , deſſins , eſtampes , terres
cuites , plâtre , planches gravées ,
habillemens étrangers , Mannequins
& autres objets ; provenans de la
ſucceſſion de feu *M. le Prince* ,
Peintre du Roi ; le 5 Novembre
1781.

25 Catalogue raiſonné des marbres ,
jaſpes , agathes , porcelaines en-
richies , laques , beaux meubles ,

lustres , feux & bras de bronze doré par *Gouttiere* ; Boëtes de laques , lapis & autres ; formant le cabinet de *Madame la Duchesse de Mazarin* ; le 10 Décembre 1781.

26 Catalogue de tableaux des trois Ecoles , dessins , estampes , bronzes, porcelaines , laques , meubles de *Boule* , & autres objets du cabinet de *M. de Vieuviller* ; 20 Décembre 1781.

27 Catalogue d'une très - belle collection de tableaux des Ecoles d'Italie , de Hollande & de France , gouaches , pastels , miniatures , dessins , estampes , porcelaines du Japon , de la Chine , & autres ; laques , pierres gravées antiques & modernes , montées en bagues ; meubles de *Boule* , cristal de roche,

& autres objets de curiofité ; venant
en partie de l'Étranger ; 12 Mars
1782.

28 Catalogue d'une belle collection
de tableaux des Ecoles d'Italie ,
de Flandres , de Hollande & de
France ; deffins de différens Maîtres , beaux bronzes , pendule dorée ,
meubles , tabatieres d'ancien laque ,
& autres objets de curiofité ; provenans du cabinet de *M* * * Nogaret*.

29 Catalogue raifonné des tableaux ,
marbre , bronzes , porcelaines anciennes de premiere qualité , coloriées du Japon ; d'ancien violet ,
bleu célefte de la Chine , & autres ;
beaux meubles de *Boule* , & autres
de ce genre ; meubles précieux de
laque ; eftampes & autres objets de

curiosité ; provenans du cabinet de *M. de Sainte-Foy.*

3° Catalogue de tableaux des Ecoles d'Italie, de Flandres & de Hollande, bronzes, porcelaines, & autres objets de curiosité ; provenans de différens cabinets ; le 3 Décembre 1782.

31 Catalogue raisonné d'une très-belle collection de tableaux, des Ecoles d'Italie, de Flandres, de Hollande & de France ; pastels, miniatures, figures & bustes de marbre, beaux bronzes, porcelaines anciennes de premiere qualité, coloriées, du Japon, d'ancien céladon, de la chine, de Saxe & de Séve ; vases & colonnes de porphyre, verd antique, granit, serpentin, ahathes & autres matieres précieuses ; tables

rares , de mêmes matieres ; riches meubles de *Boule* , de laque, feux de *Boule* , & autres objets de curiosité ; provenans du cabinet de *M. le Bœuf;* le 8 Avril 1783.

32 Catalogue d'une belle collection de tableaux des Ecoles d'Italie , de Flandres, de Hollande & de France, dessins , pastels , miniatures , estampes montées & en volume ; émaux par Petitot, porcelaines, bronzes, terres cuites , pierres gravées antiques , montées en bagues, & autres bagues de pierres précieuses ; cannes à pomme d'or , meubles de *Boule* & autres objets de curiosité ; venans du cabinet de *M. de Montullé* , le Lundi 22 Décembre 1783.

33 Catalogue d'une collection précieuse de marbres d'Alsace , tels que por-

phyre granit, serpentin &c, composée de vases de différentes formes,
comme coupes, cuvettes & fûts de
colonnes, tant en grande qu'en petite portion, dont plusieurs montés
en bronze doré d'or mat, & d'autres
prêts à être dorés, exécutés sur de
beaux profils & modeles, le tout provenant de *M. du Pereux*; le Mardi
23 Mars 1784.

34 Catalogue d'une belle collection de
tableaux des Ecoles Flamande, Hollandoise, Allemande & Françoise; miniatures, gouaches, pastels, dessins,
marbres, figures de bronze, & bronzes dorés, porcelaines du Japon, de
la Chine, &c. laques, bijoux, meubles de *Boule*, & autres objets de curiosité, composans le cabinet de *M.*
Dubois, Marchand Orfevre Jouailler,
le Mercredi 31 Mars 1784.

35 Catalogue d'une belle collection de
marbres, tels que statues, bustes, vases,
cuves & autres objets en marbre
blanc ; vases de pierre de Conflans,
de Tonnerre, sphinx & autres, grouppes en plâtre , figures & bas-reliefs ,
bustes , nombre de parties moulées
sur nature ; d'ustensiles, tels qu'établis,
valets , selles de différentes especes ,
caisses & autres ; ciseaux , râpe , tré-
pans, masses, spatules , vilbrequins &
autres outils propres à la sculpture , le
tout provenant de *M. Feuillet*, sculp-
teur ; le 6 Avril 1784.

36 Catalogue d'une belle collection de
tableaux des Ecoles de Flandres , de
Hollande & de France; gouaches, dessins , estampes avant la lettre & autres;
marbres , bronze , porcelaines , & autres objets précieux le 14 Avril 1784.

37 Catalogue raifonné d'une belle collection de tableaux des Ecoles d'Italie, de Flandres , de Hollande & de
France , miniatures ; émaux par Petitot , figures de terres cuites , d'ivoire ,
de marbre & de bronzes , vafes & colonnes de porphyre ; agathes & autres matieres précieufes , tables rares,
riches meubles de *Boule* , de laques ,
& autres objets de curiofité , venans
du cabinet de M. le Baron *Saint
J****; le 21 Juin 1784.*

38 Catalogue raifonné d'une très belle
collection de tableaux des Ecoles d'I-
talie, de Flandres & de Hollande qui
compofoient le cabinet de M. le Comte *de Vaudreuil*, Grand Fauconnier de
France ; le 24 Novembre 1784.